桜井智恵子

# 市民社会の家庭教育

信山社

桜井智恵子　市民社会の家庭教育

もくじ



もくじ

もくじ

もくじ

# 序　章　市民社会の家庭教育――問題のありか

「学力低下」、「家庭教育力の低下」の声が、「少子化」を加速させている。このつながりは、奇妙に感じられるだろうか。近年の子育てをめぐるこれらの現象は、実は緊密に結びついている。

子どもの数が減少し、少子化は国家の一大事となっている。「女性が理想の数の子どもを持とうとしない理由」の第一位は、二位を大きく引き離して「子育てや教育にお金がかかりすぎるから」である。[1] 少子化対策として、育児不安への相談システムや預かり保育の拡大という、現在の子育て支援策として取り組まれているテーマとは裏腹に、少子化の理由と教育費は、市民意識の中で結びついている。

いっぽうで、以前と比べて子どもの学力が低下したという学力低下論が、教育分野で勢力をふるっている。学力への注目が、さらに家庭における教育費を必要とさせ、この調子では少子化はますます進行するであろう。

また、「家庭教育力の低下」論は、現在の子育て家庭への責任を問うまなざしをますます強め、力尽きた家庭や家族は、子育てを放棄しはじめている。

一九九六年からの虐待通報件数と保育所待機児童の急激な増加傾向は、家庭だけで子育てを行うという家庭主義の破綻を露呈した。

虐待通報件数の急増は、子育て家庭の不十分さとともに、家庭の悲鳴を表面化させた。これはある意味で、地域が子育て家庭を見放している証拠でもあった。また、少子化で子どもの数が減っているにもかかわらず、保育所に入れたいという親の願いが増大しているのは、共働き家庭より遥かに育児不安の高い専業主婦家庭の動きであった。これもまた、家庭だけで現在の子育てを行うという限界を示している。

家庭主義の破綻は、必然的に社会的な子育てネットワークを必要とすることになり、屈折した方向ではあるが、私たちの社会は今、社会的な子育てへと向かっている。それにもかかわらず、家庭の教育責任が問われているのは、なぜであろうか。

これを解くためには、公教育体制下における家庭教育の位置と役割、そしてその家庭教育を支える親の意識を分析する必要があろう。しかし、戦後教育史研究の主要な関心領域は一貫して、「国家」対「国民」関係の分析にあり、「国民意識」の矛盾についての分析は問題としてはほとんど位置づいてこなかった。子育てまでも、社会制度論的に位置づけ、制度のコントロールによって国民意識を左右しようとする勢いが強まっている現在、このような問題領域の分析が重要になってきている。

本書は、現在の教育現実を、「家庭教育」というキーワードを通して、読み取っていこうとするものである。現在の家庭における子育ての規範は、戦後の家庭教育ブームで急速に形作られた。そのあ

り様と構造を吟味しようとするのが、本書の目的である。なお、本書で用いている「市民」は、一九七〇年代に形成された市民概念の流れとは異なる。たとえば、「市民とは、自由、平等という共和感覚をもった自発的人間類型、したがって市民自治を可能とするような政治への主体的参加という徳性をそなえた人間類型である(2)」という定義には、西洋合理主義の気配を感じ、私は違和感を持っている。人権至上主義や戦後啓蒙主義にもそのような匂いを感じる。そこで、本書のタイトルに「市民社会」を用いたのは、その概念を模索する意味合いも含めている。

## 1　市民的権利と再生産の結びつき

「家庭教育は、親やこれに準ずる人が子どもに対して行う教育のことである。子どもが基本的な生活習慣・生活能力、豊かな情操、他人に対する思いやりや善悪の判断などの基本的倫理観、自立心や自制心、社会的なマナーなどを身につける上で家庭教育は重要な役割をになうものである(3)」と、文部科学省に提出された「家庭教育支援における行政と子育て支援団体との連携の促進について」報告（二〇〇四年）では説明されている。この家庭教育はけっして、それだけで自己完結しているものではなく、国家－市民社会の関係の中にある。この関係を理解するには、近代公教育をめぐる議論の一定の整理は重要と思われる。

そもそも、歴史に公教育が登場するようになったのは、近代的個人の教育に対する需要が社会的な

広がりを持つようになったからである。それは言いかえれば、資本の労働力への需要が広く形成されるようになったということであり、これが国家によって総括されることを通しての公教育の登場であった。

労働力養成の需要を国家が総括したところの公教育は、市民的権利を保障するという表現をとる。しかし、その市民的権利を保障するという中味は、近代的個人の労働能力を養成するという過程にある。したがって、市民的権利の実現は、資本主義的秩序の再生産とは分かち難い関係にある。

尾崎ムゲンはいう。(4) このような点から、戦後日本の教育改革を見た時、市民は天皇制国家の支配に対する苦い経験から、国家の直接的な公教育の組織化の動きには比較的敏感に反応した。ところが、その資本主義的な価値全般については、権利保障の実現過程と密着し結合していた。その結合部分を問題領域として、充分に相対化することがなかった。それゆえ、市民が自分自身の権利にこだわりながら、なおかつ協同してそれを支えていくこと、社会的な差別や不平等、あるいは搾取や抑圧に一つ一つ抵抗して、その中で他者との関わりを持ちながら自己解放をはかるという機会が重視されなかった。それどころかむしろ、社会の矛盾を個々の家庭が回避し、個人的にすり抜けるという手法を取るという傾向となった。

一九六〇年代初めから、国家の教育改革の重点は、個人の利益の実現へと移ってきた。それは、労働能力の養成を中身とするように学校機能の修正を中心とした。市民的権利についての思想が充分深められていなかったことから、ここでも市民の教育要求は国家を通して、競争主義と能力主義による

政策へと集約されていった。このような国家の教育組織の原理に対しては、権利の擁護という観点が対抗させられることになった。しかし、その権利の実現が、資本主義的秩序の再生産とは分かち難く結合しているという点を相対化し、諸権利の思想を深める機会はなかった。

本書の第2部で扱う教育権の構造は、思想史的には、公教育制度の成立のなかで形成された。日本では、七〇年代から八〇年代にかけて、教育権、すなわち、親権にもとづく私教育の自由の思想が強調された。このうち、私教育の自由の思想においては、教職員の教育権は、親からの信託にもとづくものとして構成される。ところが、公教育に関する市民意識は自由権的側面を強調する教育権を実現する方向に向かいつつ、その内実は個人主義的エゴイズムに解体されていた。さらに、やがてこの時期の教育権は、教育にかかわる国家意志に吸収されていった。しかし、そのメカニズムについてはほとんど関心がむけられなかった。

では、そのメカニズムはどのように機能したのか。本書では、家庭における親意識の側面から、市民意識の分析を試みたい。

## 2　本書の構成

私達、市民社会の暮らしは、資本主義的秩序の再生産と重なり、その内実の保障が、実は権利の実現と結ばれているという現実がある。子どもの権利保障にしても然りである。本書では、この構図を

できるだけ相対化していきたい。

本書で「家庭教育」を素材として取り上げるのは、戦後の教育をめぐる、矛盾を孕んだ「市民意識」という問題領域の分析を試みようとしていることによる。素材としての「家庭教育」には、二つの問題領域が含まれる。

第一に、七〇年代前後、公教育に関する市民意識は教育権を実現する方向に向かいつつ、その内実は個人主義的エゴイズムへの解体が進んだという問題領域である。第二に、「家庭の教育力の低下」という言説から導き出され、教育基本法改正の議論を含めて、近年の教育政策がターゲットにする家庭教育のコントロール、すなわち家庭主義という問題領域である。

そこで、以上のような問題意識を受けて、第1部では「戦後家庭教育の基本枠組」を取り上げる。市民の行う家庭教育は、しつけと教育の側面を絡ませながら、時代状況を引き受け、学力保障へとシフトしていく。市民社会が抱えている個人主義的な価値が家庭教育を成立させ、機能させてゆく戦後の家庭教育の状況を示していく。

第2部では、市民社会の教育権思想について論じ、市民的権利が、教育にかかわる国家意志に吸収されていったメカニズムについて、分析を試みている。また、市民から熱いまなざしで注目を集めた「主体性」や「自己決定」という議論がいっぽうで招く「自己責任」という問題領域をすくい上げ、リアルな現実を把握しようとする。

（1）国立社会保障・人口問題研究所「第一二回出生動向基本調査」二〇〇二年。
（2）松下圭一『市民自治の憲法理論』岩波新書、一九七五年、x頁。
（3）家庭教育支援における行政と子育て支援団体との連携についての調査研究委員会「家庭教育支援における行政と子育て支援団体との連携の促進について」報告、二〇〇四年三月三一日。
（4）尾崎ムゲン『戦後教育史論——民主主義教育の陥穽』インパクト出版会、一九九一年、一一一—一一二頁。

# 第1部　戦後家庭教育の基本枠組

# 第一章　一九六〇年代家庭教育ブームの生成
## ――『家庭の教育』読者の声を中心に――

今、子どもをめぐる出来事が「家庭の教育力の低下」として描かれる時、そのメディアや一般社会へのアピール性ゆえに、経済や情報を含む社会の側の責任が曖昧になる。内面にトラウマを抱えた親それも母親だけがクローズアップされやすい。しかし、子どもをめぐる「問題」は健全な親子関係、心のケアという課題にだけ焦点づけられる問題ではない。

教育社会学研究の知見から、一九六〇年代に子育て家庭の教育熱心の基本的な枠組が設定されたことが明らかにされている(1)。本稿では、家庭教育の語られ方が「現実」をつくり出し、その現実が私たちの行為の方向性を決定してゆくことから、一九六〇年代の家庭教育ブームを構成した大人の視線・関心のあり方を研究対象とする。戦後の社会変動がなぜ大衆レベルでの高学歴志向を生み出したのか。一九六〇年代の家庭教育論と、家庭における教育態度の双方の検討を通して、この時期の大人の視線や関心を形作り、変容させた諸条件は何であるのかに焦点を当てたい。

以下に、本章の考察の手続きを示しておきたい。まず、本章の目的と方法を示した上で、一九六〇年代の家庭状況と家庭教育論を検討する。当時の母親たちによく読まれた本を中心に、なぜ家庭が具

体的な教育情報を要求するようになったかについて考察する。第三節では、一九六〇年代の母親たちに支持された月刊誌『家庭の教育』から、読者の声を取り上げる。そこで、家庭の親の意識や、親たちが子どもの教育に関心を寄せてゆくようになる理由について検討する。第四節では、一九六〇年前後の家庭教育をめぐる政策と動向について考察する。国家と家庭の「家庭教育」に対する目的は異なっていたにもかかわらず、それらが一致してゆくプロセスを見てゆく。結論部では、本章の総括とともに、一九六〇年代家庭教育ブームの生成から提起される課題について論じる。

## 1　三年三ヶ月で終わった月刊誌『家庭の教育』

近年の家庭に関する研究によれば、家庭という言葉は明治二〇（一八八七）年頃から頻繁に使われるようになり普及していった。[2]「家庭」という概念は、近代社会の労働形態の要請に応じ、都市中産階級の確立と共に形成されたとみなされる。

小山静子は、良妻賢母思想の確立が公教育体制の成立と大きく関わっていたことに注目し、それにともなう家庭教育領域の意識化について論じた。学校教育の補完的な役割を担うべき家庭教育、その担い手としての母親という家庭教育概念の確立により、女性は母親として家庭にあって公教育体制を支えていく存在となったと描き出した。[3]また、沢山実果子は、日本において現代のような密接な親子関係の直接の起源は一九一〇〜二〇年代に求められるという。[4]その頃から、子どもを「つくる」技術

と思想が一部の階級で現れはじめた。

しかしこれらの研究も、戦前の家庭教育論を対象にしたものが主である。

本稿が対象とするのは、家庭の普及が最も著しく、専業主婦が大量発生する戦後の家庭である。すなわち、家族の変容が急激であり、教育爆発の時代といわれた一九六〇年代の家庭教育ブームを取り上げる。

これまでの一九六〇年代の家庭教育についての研究では、以下のように論及されてきた。第一に、一九六〇年代の母親と子育ての特徴について論じるものである。たとえば、一九六〇年代は「教育するママの時代」と位置づけられ、家庭における教育関心の一般化が論じられた[5]。また、一九六〇年代の子育ての特徴は、「少ない子どもを良い子に育てる」であり、子どもへの関心も身体・健康面から心理・知能面の比重が大きくなっていったといわれた[6]。

第二に、国家による母親役割の強調を指摘するものである。たとえば、「近代以降の日本社会において、母性がとくに強調された時期をみると、いずれもその時々の社会的、政治的、経済的な要請から女性を家事・育児に専念させようとするイデオロギー操作に基づくものであり、母性の強調が自然発生的なものではないことが認められる」として、「戦後の高度成長期には良質の労働力の再生産のために[7]」母親役割が強調されたと論じられた。

既存の先行研究は、母親たちが「教育ママ」とパターン化された形での注目という家庭教育の特徴や、国家による母親懐柔といった指摘が中心で、一九六〇年代の家庭をとりまく社会・歴史的な諸条

件を視野に入れた考察はほとんど見受けられない[8]。近代を「家族と国家の相互依存[9]」とする社会学からの分析においても、戦後社会における家庭教育がどのような役割と意味をもつに至ったかにまで踏み込んで考察することは少なかった。

そこで、一九六〇年代の家庭における教育意識を把握するため、『家庭の教育』という雑誌を対象とする。『家庭の教育』は一九六五年一月から一九六八年三月までの三年三ヶ月の間、小学館から販売された雑誌である[10]。なぜ本誌を取り上げるかというと、『家庭の教育』は、一般家庭の親たちを対象とした「家庭教育の専門誌」であり、「教育の専門家にも愛読され支持された」ゆえに母親にも評判になった雑誌だからである。本誌は「学級での回覧」や母親同士の紹介により、短期間に読者数が拡大し、毎月増刷を重ねたが売り切れる書店が続出した[11]。

『家庭の教育』が創刊されるまで、大手出版社が編集する、家庭教育だけを専門に取り扱った親向けの雑誌はなかった。一九六〇年代、『家庭の教育』に最も内容が近い雑誌として、同じ小学館が一九五五年に創刊し現在までロングセラーが続いている『幼児と保育』があった。しかしながら、『幼児と保育』は、教員・保育者対象の「教育雑誌」であり、『家庭の教育』は同社の位置づけでは、「学習雑誌」として一般家庭を対象にした。

実は、一九二二（大正一一）年に出版界初の学年別学習雑誌『小学五年生』と『小学六年生』を創刊し、一九二五（大正一四）年には各学年別の小学生をもつ家庭対象の雑誌が出揃っていた小学館にとって、『家庭の教育』を創刊するのは、ひとつの実験的な試みであった。実際に、一九六〇年代に

二〇万部を発行していた『幼児と保育』の編集スタッフは三名しかいなかったのに対して、『家庭の教育』は発行部数一万部であったにもかかわらず、嘱託を入れて七名のスタッフを投入したという点からも、『家庭の教育』という初の保護者向け家庭教育専門誌に対する力の入れ方がうかがえる。本誌の創刊理由の第一に、当時小学館がすでに四〇年以上発行していた学年別学習雑誌の読者からの影響がある。一九六〇年代になって、それらの各雑誌に、読者からの家庭教育に関する詳細な情報を要求する声が増加してきた。そこで同社は、家庭教育の専門雑誌の創刊に踏み切ったのであった。

こうして試験的に創刊された本誌が、三年と三ヶ月という短命であったのは、次のような理由がある。『家庭の教育』の読者層は、その教育熱心さを反映して本誌に対しても思い入れが強かった。たとえば、一般的な雑誌でアンケートをとっても四〇%の回収率にとどまるのに対して、『家庭の教育』では、必ず七〇%を超えた。本誌の読者たちの教育熱心さは、我が子のためにより詳細で、より細分化された情報を要求するようになった。

当時の『家庭の教育』編集者からの聞き取りによると、読者たちが月を追うにしたがって、どんどんと子育ての「正答」を求めるようになった様子がはっきりと感じられたという。読者は、自分の子どもにぴったりの年齢に応じた情報を要求するようになり、ついに小学館は、子どもの年齢を大きく束ねて家庭教育情報を伝えるのではなく、学年別、年齢別学習雑誌でそれらのニーズに応えるべく、『家庭の教育』を休刊する選択をするのである。

## 2　家庭教育情報の要求

日本社会で教育熱心な母親像が当たり前のようにみなされるようになったのは、高度成長期であり「教育ママ」という言葉は、一九六三年に雑誌に登場し、その後一九七〇年代にかけてマスコミ等で頻繁に取り上げられるようになった。(12) 一九六〇年代は「高度経済成長の企業戦士として〈父〉を奪われた、家族成員数の減少してゆく核家族のなかで母親と子どもとの濃密なつながりが、〈学校〉を中心にして形成された時代」といわれた。(13) それでは、なぜ母と子は濃密につながることになったのであろうか。

一九六九年には、六六〇頁から成る本格的な『家庭教育指導事典』が出版された。「関連諸科学による家庭教育の基礎づけをしっかりと行う試みをした上で、その成果を家庭教育に活用していただく手引きを提供する努力は、本事典が世界的にもはじめて(14)」と紹介された。この出版は家庭教育のマニュアルが必要とされるようになった状況を示す。戦後の民主化は、今までの価値観を自己の内外から共に揺るがせていた。「将来の生活への不安を感じた親たち（あるいはおとなたち）が、もう一度ふるい倫理観や人生観を持ちだしてきて、ふりかざしてみたところで、かれらには通用するはずはない(15)」と新しい子育て論が要求された。

「第二次大戦以後の日本は急激に大きく変化しました。その結果、しつけの基準も全く狂って

しまいました。たとえば、戦前の日本では、親に口返答するのはよくないことでした。それが、戦後、民主化のひとつの方向として、意見を言えない人はしっかりしていないという事になり、たとえ相手が親であろうと、自分の意見は意見としてはっきり述べることが望ましい事になりました。食事中におしゃべりをしないというのも、従来の日本ではやかましくしつけられたことのひとつですが、今日では楽しく食事をすることに重点がおかれ、しゃべる事も、決して悪くはなくなりました。」

このように、価値観・子育て観の変容があった。自らが育てられたように子どもを育てることが否定され、親たちは混乱し、子育ての正しい情報を熱心に求めてゆくようになった。

親たちが教育情報を求めるようになる具体的な様子は、雑誌『家庭の教育』の読者の声から知ることができる。

「家庭教育に対する正しい指針を与えてくれるすばらしい雑誌が誕生したことは、私たち母親にとって、ほんとうにありがたいことだと思います。『教育ママ』という悪名を付けられたお母さんも、きっと立派なママに生まれ変わっていくことでしょう。」（山梨県甲府市）[16]

「育児には自信もなく、ただ自分の気のすむようにしかったり、ほめたりしてきました。しかし、『家庭の教育』を読むようになってからは、しかり方、ほめ方、あらゆることがわかり、今までのことを反省し、良い育児をと心がけています。『家庭の教育』は私の家庭教師であるばかりでなく、わが家の先生になっています。」（京都市右京区）[17]

「子どもの教育は学校三分で家庭七分といっても過言ではないでしょう。あやまった家庭教育にならないためのよい手引書といえましょう。」（千葉県松戸市）[18]

さらに、専門書とは異なり、親を対象とした子育て論を展開した単行本が一九六〇年代は急増した。これらの著者達は、教育心理学者が中心であり、『家庭の教育』にも頻繁に執筆した。

品川不二郎・品川孝子の著した、主婦の友新書『わが子とつきあう法』は、社会教育、学校教育と並んでブームになった家庭教育を正面から扱った書として、多くの母親に読まれた。家庭教育のねらいと内容、そして親の役割は何かを明確にし、「コツのようなものを身につけて、急所だけははずさないよう」と記された[19]。こうした子育てのアドバイスは、親役割や家庭教育の内容を明確に把握しなければならないと親たちを導いた。

一九六五年に出版された山下俊郎の著した『家庭教育』は、時代の要請を受け、その心理学を基礎とした家庭教育論が注目された。

「一－二年生という低学年では勉強の時間は親がきめてやるのが当然である。自発的にやるということの期待はできない。せいぜい親子で話し合ってやる程度だからで、主導権はやはり親である」

「知的指導の面においても、子どもの成長発達の姿に応じて、無理のない導き方で、生活全体にわたる調整ということを考えの中心におきながら指導が行われるときに、はじめて効果的な生きた知的発達がもたらされることを、わたくしたちは認識すべきである[20]」

と母親に教育の専門的態度が求められた。

母親たちは、心理学や医学の分野から発せられた「あるべき母親像」を手本にしようとした。たとえば、子どもの病気は多く母親の不注意によると考えられるようになった。そこで、母親たちは、子どもの健康や成長に対して手厚く気遣わなければならなくなった。

一九六〇年代には「教育投資」という発想が導入された。「とりえのない子には『有名校出身』というレッテルをつけてあげなさい。それが、せめてもの親心というものである」と書く家庭教育書もあった。[21] そこで、親たちは子どものために学歴を求め始めた。多くの親と子どもは一九六〇年代になって都市勤労者の所得水準が上昇すると、サラリーマンになることを目標とした。安定した生活を求めて、離農、村の解体と個人を単位とする移動（地域移動や職業的な移動）が進められていった。農村でも、都市の勤労層でも経済成長による所得水準の上昇は、子どもの教育に支出できる経済的余裕を生み出した。[22] 蓄財は無理だが、学資ならまかなえる所得水準に達した頃から、教育熱・進学熱は爆発した。

教育資金の情報も必要とされた。たとえば、『家庭の経済相談』（一九七〇年）をみてみよう。「教育資金計画の立て方」では、「大学教育資金の貯蓄法」として、「七年間に年収の一七〜二〇％の割合で貯蓄をしてゆけば、収入もあがるので物価の多少の上昇なら何とか子ども一人分の学費はまかなうことができます。国立大学で自宅通学なら二人は充分ですし、これ以上必要なら貯蓄率をふやすとか、子どもが二人三人といれば貯蓄期間を長くすることです[23]」と具体的に示された。

「家庭教育費はいくらぐらいまでかけてよいか」という質問に対しては、「小学校の家庭教育費平均を一〇〇とすると、大都市の家庭では一五七、小都市や都市近郊の農村では一一六、農山村では五四という極端な違いです。（略）小中学校における家庭教育費の投資の多少が、大学入学に大きく影響するという錯覚さえおきそうです」[24]と記された。

実際に、一九六〇年代の文部省の財政援助状況をみてみると、学生一人当たりの経費は、国立三三万余円に対して、私立は半額以下の一四万五千円であり、援助額を反映して国立と私立の学費格差が顕著であった[25]。また、その学費格差が知られるようになったのは、家庭が子どもの教育情報に関心を向けるようになる一九六〇年代以降であり、一般家庭がこの時期に教育に関心を向けるようになった転換点を示している。これら家庭教育情報が普及する前提に、中流層の拡大という社会状況の変化があった。

大正期の生活改善運動における「家庭像」が理念型で大多数の国民の現実からかけ離れていたのに対し、一九六〇年代の「近代家族像」の家族による受け入れは、急速かつ広範であった。一九六〇年代半ばにはマイホーム主義という言葉が盛んに用いられ、それまで描かれていた望ましい家族像は、いまやどの階層にも努力すれば到達できそうな近さまできていた。それは何より、土壌である受け入れ家族が均質化していたからである。

一九四〇年代は、かつて類を見ないほどの出生数の急増期であった。一九四七年から一九四九年のピーク時に生まれたベビーブーマーは、現代子ども史において、従来以上に注目されるべきと思われ

る。一九六一年には、ベビーブーマーの高校進学を目前にしてその急増対策が焦眉の急となった。一九六二年は、保護者たちの激しい要求を受けて、日本労働組合総評議会（総評）を中心とした労働団体を中心に高校全入問題全国協議会が結成され、志願者の全員入学運動を展開した。一九六三年の入学状況調べによると、高校志願者が約一七〇万人（六八％）、入学者が一六六万人（六六・五％）となり、計画の入学者一五五万人（六一・八％）を一一万人も超える結果になった。この急増の理由については、経済成長や学歴偏重と立身出世主義があげられた。しかしそれらの底には、「せめて高校でなければ、人並みのくらしができない」という切実な要求と、そのムードの広がりが大きく反映していた。

さらに、ベビーブーマーが現代子ども史に大きな影響を与えたひとつに、次のような状況がある。一九六〇年代前後は、ベビーブーマーを標的として、菓子や玩具産業といった市場が急成長した。とりわけ、「学習塾」「学習教材」「模擬テスト」などの受験産業の急成長は、ベビーブーマーが動因になった。教育産業が準備したこれらの選択肢は、家庭によって次々と採用されていった。

ところが、ベビーブーマーが成長すると共に、彼らが去った市場は困難を強いられた。ベビーブーマーが大学に入学して、それ以降子どもの数は減少に転ずるからである。そこで市場における各教育機関の生き残り対策として、進学の一般化が目ざされた。必然的に、減少した次世代の子どもたちの進学率は上がり、大学進学が特別なことではなくなった。

## 3　『家庭の教育』にみる家庭の教育態度

核家族化と地域社会の変容を受けて、家庭の子育ては母親ひとりの手に任される傾向へといよいよ向かい、多くの母親は子育ての方向性に迷うようになった。たとえば、育児ノイローゼ型母子心中は一九六五年以降、母親蒸発は一九六七年頃から急増した。(26)『家庭の教育』がよく読まれた理由は、子育てに対する不安に対して教え、手がかりを示してくれるという点が大きい。それでは、「もっとも多くのお母さまがたが悩んでいることをとりあげます」という「相談室」に寄せられた声をみてみよう。

「小学一年生の長男。学習意欲もわかずに、ただ遊びに夢中になっています。物ごとを考えると言うことがめんどうで思考力に欠けていますし、物ごとを注意して見ようとする注意力に弱く、そのため成績も良くありません。」（茨城・行方郡）(27)

「バスと電車の中で、ずっと歌ったり、落語家のようにずっとひとりごとを言ったりしています。少し頭が変な子ではと、人に思われそうではずかしくなります。テストでは知能は普通以上で、もちろん、あいうえおの読み書き、アルファベットの読み書きもでき、性格は陽性です。」（兵庫・神戸市）(28)

「相談室」に参加する母親たちは、子どもを計る概念として、すでに「思考力」、「注意力」、「知能」、

「性格」などを一般的に用いている。

「一学期に病気で一ヶ月ほど休み、勉強がおくれておりますが、どのようにすればよいのでしょうか。家庭教師を付けようかとも思っていますが…。一年生女。」（東京）[29]

それに対する専門の先生の答えは、「現在ただ今の成績には影響なくても、意欲さえつくっておけば、自分で歩いて、自分の力で求めはじめるにちがいありません。いくら家庭教師をつけても、学習意欲の無い子どもでは、ひとりになったとき、自分で歩いて行くことも出来なくなってしまいましょう。それに成功した子どもこそが、競争に勝つものであると思います」である。ここで語られる意欲は「学習意欲」と同義であり、競争に勝つために学習意欲をつくるという論理であった。

次はもう、ピアノを習いに行きたくないという子どもに対して悩む母親からの感想である。

「ちょうどその時、私の気持ちを知ったかのように、才能教育相談室に、『ピアノ何歳からどのように』がのりました。（略）今では子どもも、あのときにやめなくて良かった、といっており、私も一つの問題を解決して、母親としての責任を果たしました。」（福島・須賀川市）[30]

これらの意見から見受けられることは、母親役割の確認と成就である。まるで、子育てのための専門的なカリキュラムがあるかのように、子どもを産んだらすぐに、子育て専門家とみなされる母親たちの努力が見受けられる。

「俗に言う教育ママと、教育熱心なママとはどうちがいますか。教育ママと言われやしないかと思い、ややもすれば子どもの教育についてひっこみがちになります。」（秋田）[31]

「四歳。小二の姉がいるせいか、三歳で読み書きができ、ローマ字も少し読めます。何でも一番でないとくやしがり、ほめすぎたかと反省していますが。」（山口）[32]

子どもともっと絆を強くしなさいといいながら、しかし密着しすぎてはいけません、とか子どもを放りっぱなしにしてはいけない、しかし、自由にのびのびと育てなさいという矛盾した情報は、母親たちを当惑させることになった。

誌面の特集で、「おかあさんの過保護度テスト」[33]や「しかり方テスト」[34]は「親の心がけと努力で、賢いしかり方、育て方が、いくらでもできる」[35]と人気があった。また、三千人の先生を対象にした「好感の持てないおかあさんのタイプ」の調査結果の特集では、「学校の教育を信頼しないで、やたらにくちばしを入れてくるママ」、「つげ口ばかりするママ」、「だらしのないママ」などがその結果に挙げられている。[36]これらの特集は、母親としての自分のあり方を学習し、逸脱していないかと注意深くチェックする母親たちによって歓迎された。実際に、『家庭の教育』が掲載した母親たちの声の傾向からも、本書の編集方針が子どもにとって「良き母」であることをテーマとしていると分かる。

また、母親自身の複雑な思いも表現されている。

「私は無学でなにひとつできませんけれど、本を読むことはとても楽しみです。三度の食事よりも好きなのでいっになっても本だけは離さないのです。ですから、私の子供も同じで、ひまさえあれば、本を見ています。」（福島・大沼郡）[37]

「『家庭の教育』楽しく読ませていただきました。定価も手ごろですし、私のように中卒でも、

**表1　女子中等教育機関への進学率**

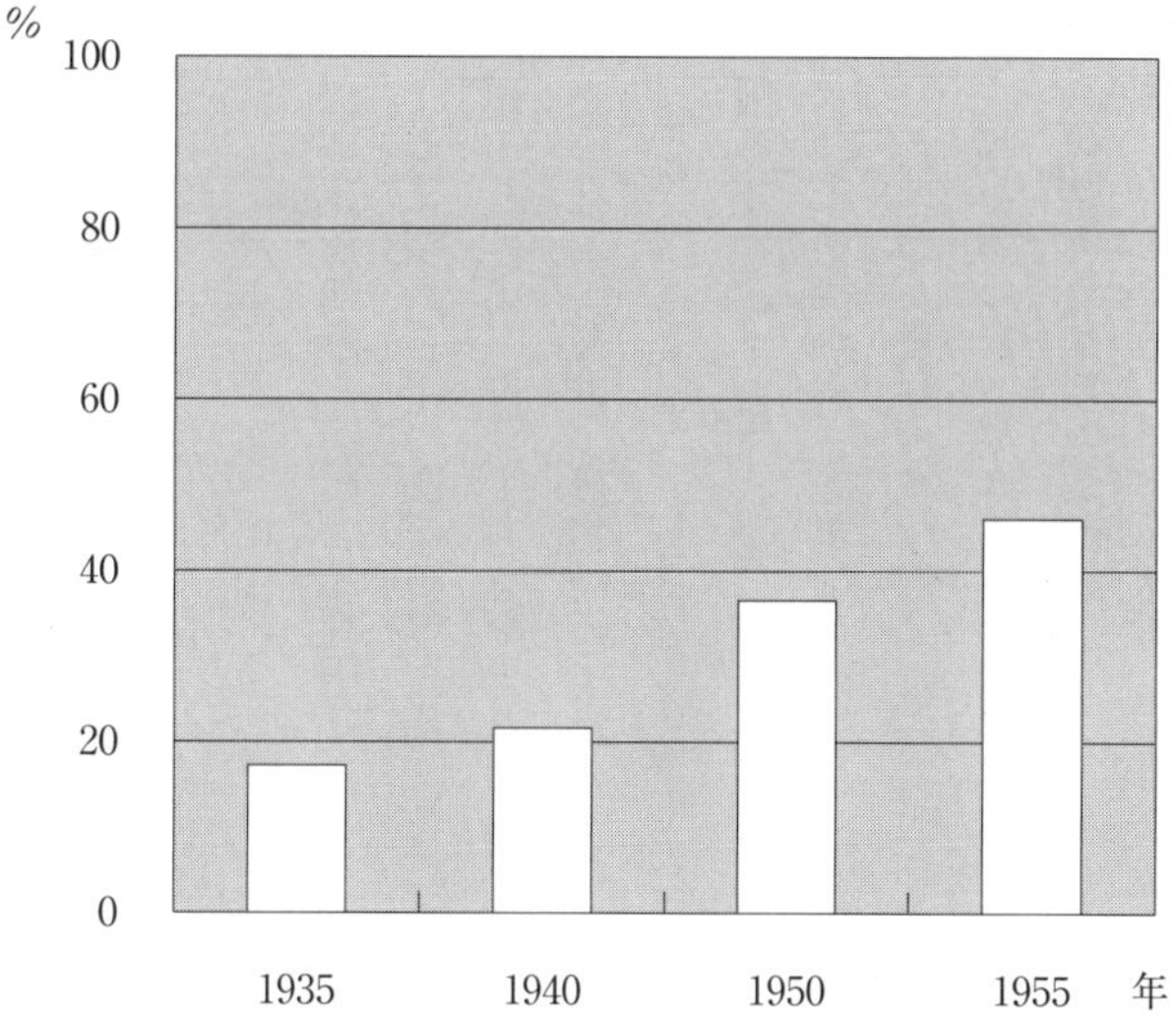


（注）青年学校等の準中等教育を除く、高等女学校、実科女学校など、12から16歳の年齢に相当する学歴を指す（文部省、1971年。1950年以降は新学制）。

この本一冊あればひけめは感じないですむと、感謝しております。」（富山・氷見市）(38)

読者の多くの母親が学歴コンプレックスを持つようになっている。学歴がエスカレートしていく一九六〇年代は、子どもが親より学歴が高くなることが当然となってゆく時期である。

それでは、本誌に登場する母親世代の教育水準はどうであろうか。母親たちは、一九六五年前後に学齢期の子どもを持っていた世代である。この時期設定は『家庭の教育』の内容から推定したものである。このように定義すると、母親自身の出生年は一九二五〜一九四〇年ごろとみなされる。母親たちが一五歳前後となる一九四〇〜一九五五年の進学率をみてみると、上の表のようである［表1］。戦前の女子の中等教育

機関への進学率は、一九四〇年で二二％である。戦後の新学制で高等学校への女子の進学率も一九五〇年には三六・七％、一九五五年には、四七・四％、その後も急速に上昇し続ける。したがって、一九六〇年代母親の半分以上が初等教育までしか受けていない、あるいは最終学歴が中学校卒であるということが分かる。学歴による階層移動の願いというよりも、母親たちは自分たちの直後の世代に比べてコンプレックスとなった自らの学歴が、子どもへの教育関心を高めたと考えられる。

さらに、読者の多くが属する都市サラリーマン階層は、子どもたちに分け与える財産も無く、伝統社会のように親から子へ職業技術を伝えることも出来なかった。そこで教育という財産を遺す道が選ばれた。ことさら、エリートを夢見たわけではなく、さしあたり学歴以外のものが手の届く範囲に無かったといえる。では、農村地域ではどうだったのであろうか。

「私たちのように、いなかに住むものにとって『家庭の教育』は、とても参考になり、頼もしい限りです。」（岩手・東磐井郡(39)）

一九六〇年前後から一五年ほどの間に、高校進学率は五〇％台から九〇％台へと達した。その上昇を促進したのは、農村地域であった。これらの地域では離農が進み、一九六二年には農業人口が全労働力の三割を割った。高度成長期の離農が本格化する時期には、子孫に田畑を残す道がなくなり、学歴をその代替として親たちは納得しようとした。

牛島義友は、文部省による戦後の家庭教育振興政策に直接関わった教育心理学者である。牛島は、中央青少年問題協議会の委託研究として、家庭教育に関する調査を行い、それが一九六四年にまとめ

**表２　あなた方は親として、自分では達せられなかった願望（ねがい）を子どもの代には何とか実現させたいと思いますか**

| | ぜひ実現させたい | 実現させたいという気持ちはいくらかある | そんなことは考えない |
|---|---|---|---|
| 小　学　校 | 35.3% | 44.5% | 20.0% |
| 中　学　校 | 40.1 | 44.2 | 15.7 |
| 高等学校 | 41.9 | 41.5 | 16.6 |
| 東京中学校 | 33.3 | 43.4 | 23.2 |
| 農村地方中学校 | 49.1 | 40.4 | 10.5 |

**表３　あなたの家では、子どもの将来についてどう考えますか**

| | 少なくとも親以上のものになってほしい | どちらともいえない | たとえ親より悪くても能力相応のものでよい |
|---|---|---|---|
| 小　学　校 | 54.6% | 12.6% | 32.4% |
| 中　学　校 | 56.0 | 12.2 | 31.8 |
| 高等学校 | 60.6 | 9.4 | 30.0 |
| 東京中学校 | 46.5 | 12.9 | 40.6 |
| 農村地方中学校 | 76.5 | 7.2 | 16.4 |

［資料］ 表２·３ともに，牛島義友『家庭教育と人間形成』国土社、1964年、172頁。

られている。地域性の比較も含めていて、サンプル数は、大都市として東京都四二八、中都市として福岡市一五四三、農村として宮崎県と福岡県の農村三九一が得られている。

たとえば、「親の教育的態度」の調査によると、当時の次のような意識が明らかである。(40)

「あなた方は親として、自分では達せられなかった願望（ねがい）を子どもの代には何とか実現させたいと思いますか」という問いに対して、東京の中学校の親は三三・三％が「ぜひ実現させたい」と考えるのに対して、農村地方中学校の親たちは四九・一％がそう考えている〔表2〕。

また、「あなたの家では、子どもの将来についてどう考えますか」という問いでは、「少なくとも親以上のものになってほしい」と考える親が、東京では四六・五％に対して、農村では七六・五％となっている〔表3〕。とりわけ、農村地域で、子どもへの期待が高かったことが見て取れる。

## 4　家庭教育への関心――国家の場合・家庭の場合

さて、前節でみたように一九六〇年代、家庭は急激に子育て情報を要求するようになった。では、このように家庭が正しい子育ての情報を要求したのは、なぜなのであろうか。その理由のひとつとして、家庭教育推進政策とその政策を結果的に受容する家庭の土壌の一致を指摘することができる。

一九六〇年代には、池田内閣の人づくり政策を背景に、家庭教育政策が家庭教育の盛り上がりを導いた。(41)一九六三年七月三一日には、中央児童福祉審議会が「保育問題をこう考える」中間報告で、両

親による家庭保育、母親の保育専任と父親の協力義務など、家庭での保育原則を打ち出した。一九六〇年代は、国家を挙げての高度成長という目標のために母性が強調され、マンパワーとしての子育てが注目された。しかし、その「要請」を受けて、母親たちは子どもを将来の国家の人材として育てようとしたのであろうか。

一九六三年五月四日には、厚生省が児童福祉法施行一五周年を記念して『児童福祉白書』を発表した。経済の高度成長が児童を危機的状況に追い込んでいると指摘した本白書は、「新しい時代での児童対策の目指すところ」として、「家庭生活の安定策を目標とした社会投資、人間投資を強く発言することが必要」と述べた[42]。

本白書では、前年七月に中央児童福祉審議会から発表された『児童の健全育成と能力開発による資質の向上に関する意見書』の以下の部分を取り上げている。「わが国は子ども天国といわれながら、客観的には、保育の欠如や少年非行の増加率、事故による死傷率が世界の最高で、幼児の死亡率は先進国の倍、青少年の神経症や自殺も多く、児童の体位も米国生れの日本人に劣り、行動力や社会《マヽ》心にも問題がある[43]」。そこで、「これまでの母性の多くは、自らの子どもの育成に社会人として教育訓練する心構えがかけていたことは否めないところである。まずこの問題点に照明があてられ、社会意識の向上に伴う連帯感の強化が家庭内から開始されるという対策は、まさに児童福祉の新しい夜明けを思わせるものがある[44]」と記された。

また、戦後の児童福祉費の急増対策を動機としたイギリス議会下院特別委員会の勧告が紹介され、

以下の構造が強調された。「児童の利益と財政的経費の節約が同時にみたされるためには、家庭の崩壊を結果する事情に対しより注意を払い、現実に分離の起る前に治療する方法をとるべきこと[45]」。そこで、母性による「社会意識の向上に伴う連帯感の強化が家庭内から開始されるという対策」が選ばれたのである。

それでは、本白書のいう「児童の危機的状況」とは、いったい何をさすのであろうか。

『児童の健全育成と能力開発による資質の向上に関する意見書』にみられるように、一九六〇年代は「非行」と「家庭教育」が関連してとらえられるようになる時期である。終戦後の家庭教育に関して、一九六六年東京で開かれた第九回国際家族研究セミナーで報告された家族問題研究会による調査がある。少年非行と家庭のしつけに関して以下のように言われた[46]。「母親が就労している家庭では、子どもはいわゆる『かぎっ子』である場合が多く、そこに必然的なしつけの放任がきたされる。」「非行少年の家庭では交友関係に意を用いないから、少年は家庭外の反社会的集団に入り込んで悪影響を受ける。」また、一九六〇年代半ばは、受験戦争が指摘され始めた時代であった。「徹夜の詰めこみ勉強は、ジャズやマンボやツイストなどの強烈な刺激に解放感を求め、すぐに『あたまに来てしまう』少年たちの群れをつくる[47]」と問題視された。

その理由に、一九六〇年代半ばの青少年非行のピークがあった。文部省は非行青少年対策・青少年健全育成策の一つとして家庭教育の振興に意を用いるようになった。やがて、「親子関係の喪失『マターナル・ディプリベーション』が非行少年の大きな原因[48]」といった考え方が常識となり、母性愛の

喪失が非行をつくり問題児を生むと考えられた。これらの考え方の土台となるものが、母子関係理論であった。その代表作であるジョン・ボウルビィの『乳幼児の精神衛生』[49]は一九六二年に翻訳された。母子関係理論は、ホスピタリズム論に加えて、人格形成論という機能を持ち、親機能の重要性、子どもにとっての親機能の不可欠性を説いた。母の愛撫を受けられなかった子どもは重大な精神衛生上の問題を抱えるという理論には、一九五〇年当時は半信半疑に受け止めるというのが大方の反応であり[50]一九六〇年代になって母子関係理論はマンパワー政策を背景に一般的に支持されるようになる。

それまでの非行少年の出自が貧困層からであったのに対して、「普通」からが急増するのも一九六〇年代である。「むかしのように、特定な条件、たとえば片親がないとか、貧困だとかと言う家庭に限られているということでなくて、言わば普通の家庭の中から問題児や非行少年がでているという傾向がしめされているような気がする[51]」と「普通の家庭」を不安にさせる言説が現れるようになった。

実際に、『児童福祉白書』によると、「最近の少年非行の特徴」として「①低年齢層特に学生生徒による犯罪の増加がいちじるしく、しかも兇悪犯、粗暴犯の増加が目立っていること」「②生活程度において、中流層の少年に増加がいちじるしいこと」「③少年非行が集団化していること」「④地域的に大都市に集中する傾向が高いこと」と指摘された。一九六一年における刑法犯少年の生活程度を一九五五年の人員を一〇〇とした指数であらわせば、一九六一年は極貧七五、下流一五三、中流二一一、上流一九三となり中流層の少年による犯罪の増加がいちじるしい[52]。しかし、これには中流層の激増という母集団の数字の上での変化が見逃せない。にもかかわらず、「普通」の家庭の親たちは危惧を強めたのであった。

同様に、『家庭の教育』の誌面からも、子どもが非行に走らないようにと、家庭が子どものしつけに関心を寄せていくようになった様子が見受けられる。

「私たちは、子どもたちの教える前に、子どもたちを、どのようにして、どんな方向にしつけていくかを、考えなければならないと思います。」（北海道紋別郡[53]）

「教育のききめは、非常に長い期間の後に、じょじょにでてくることが多い。よりよい子どもの心を作ること、その心をつくるかけ橋が、親の役目ではないでしょうか。（中略）お母さんが、手をやいたり失敗した体験を発表しあって皆でささやかながらも、研究しあってはと思っています。」（群馬県邑楽郡[54]）

「先生に言われて、見せていただきましたのが、この『家庭の教育』でございました。ちょうど、私どものPTAで母親だけの会が結成されたときでございました。（母親として、子どもの正しい育て方を考えようという意味で結成された会）」（茨城県結城市[55]）

このように、『家庭の教育』の投書欄からも、家庭がわが子を正しく育てるということに注目するようになってきたことが見て取れる。また、先の牛島の調査によると、小学生をもつ親たちの半数以上が「不良化防止」のために「家庭でのしつけを強化するのが第一だ」と回答している〔表4〕。

これらの家庭の教育状況を促進するように、数々の子育て論において、子どもを非行に向かわせないための家庭教育の充実が主張された。たとえば、一九六六年に出版された家庭教育の会編の『問題児・異常児――家庭教育の赤信号――』では、「家族をむすぶ紐帯がなくなり、家庭が教育の不毛地帯

表4　あなたの家では、不良化防止ということを考える際家庭でのしつけと学校でのしつけとどちらに重点をおきますか

| | 学校でのしつけを強化することが第一だ | どちらともいえない | 家庭でのしつけを強化するのが第一だ |
|---|---|---|---|
| 小　学　校 | 15.8% | 32.6% | 51.6% |
| 中　学　校 | 18.0 | 35.8 | 46.1 |
| 高等学校 | 17.0 | 36.3 | 46.6 |
| 東京中学校 | 13.6 | 36.4 | 45.0 |
| 農村地方中学校 | 26.1 | 30.7 | 43.2 |

［資料］　牛島義友『家庭教育と人間形成』国土社、1964年、175頁。

と化してしまい、それが少年たちを非行に追いやる大きな原因になっていることはあきらか」で「非行の種は家庭で芽ばえる」ため、「子どもの才能をみつけよう」、「はみだす子どもをつくらない」と助言された(56)。

したがって、家庭教育政策が家庭にストレートに浸透したというよりも、社会不安抑制のために家庭の崩壊を予防するという国家の選択と、わが子の非行への危機感が一致し、それが一九六〇年代の家庭教育ブームと結びついたといえる。

## 5　結　び

雑誌『家庭の教育』の読者の声と当時の出版物をてがかりに、一九六〇年代の家庭教育ブームを構成した大人の視線・関心のあり方について分析、検討してきた。

まず第一に、新しい生活形態における人々の心性と教育情報の関連がある。民主化した日本の最初の苦痛とも

いえる戦後の価値観の揺らぎが、母親たちに新しい子育て情報を要求させた。「中」意識をもつ家庭の増加が、家庭教育情報を普及させ、母親たちには専門的な教育態度が求められた。そこで、母と子は濃密につながることになった。しかし、専門家による教育情報は錯綜し、母親たちを当惑させた。

母親たちは、子育て方法を明確にする手がかりを探し、良い母になるための役割の確認と成就に専心し、逸脱していないかと注意深く自らをそして互いをチェックした。一九六〇年代が「教育するママの時代」となったのは、まず民主化の波を受けた新しい価値観の要求があった。そこで供給された教育情報が、母親役割として子どもの「能力」に関心をもつよう求めたという側面が指摘できる。

第二に、家庭教育ブームをリードした親たちの社会・歴史的な諸条件を把握する必要がある。母親たちの半数以上が、初等教育までしか受けていない、あるいは中卒であったという実態がある。自分たち直後の世代はほとんどが高卒という学歴を持つようになり、母親たちの多くが学歴コンプレックスを持ち、子どもの教育に自分のなし得なかった夢を託すようになった。

高校進学率の上昇を促進した農村地域でも、離農が進み、子孫に残すものとして学歴を発見した。同様に、都市サラリーマン階層は、高学歴志向の潮流に巻き込まれたというよりも、切迫した主体的選択として、子どもたちに教育を遺す道を選んだ。経済成長による親たちの所得水準の上昇が生み出した経済的余裕は、親たちが子どもの教育に支出するという選択肢を家計に加えた。

第三に高度成長のためにマンパワーとしての子育てが注目され、強調されたのが母性であり、家庭教育の充実であった。母性の強調は、国家にとっては、まずマンパワーとしての子育てへの注目、そ

して非行防止による財政的経費節約の二つの意味があった。しかし、家庭は後者に関わる「わが子の非行」に対して反応したのである。国家と家庭、それぞれの思惑は異なっても、社会不安抑制のために家庭の崩壊を予防するという国家の選択と、家庭におけるわが子の非行への危機感が一致し、それが一九六〇年代の家庭教育ブームと結びついた状況が考察される。

（1）「高度成長期における教育の拡大、それによる全般的な高学歴化である。（略）その結果として、高校間格差の拡大や大学間の序列構造の明確化が引き起こされたのであった。これより若い年齢世代の教育環境は、そのときの変化によって枠付けられたといってよい。」（中村高康「高学歴志向の趨勢――世代の変化に注目して」近藤博之『日本の階層システム　三　戦後日本の教育社会』東京大学出版会、二〇〇〇年、一七〇頁）。
（2）小山静子『家庭の生成と女性の国民化』ⅱ頁　勁草書房、一九九九年。
（3）小山静子『良妻賢母という規範』二三四～二三五頁　勁草書房、一九九一年。
（4）沢山美果子「子育てにおける男と女」女性史総合研究会編『日本女性生活史　第四巻　近代』東京大学出版会、一九九〇年、一二八頁。
（5）天野正子「新たな子育て文化の創造へ――母親像の変貌のなかで」『幼児教育の現在と未来』岩波書店、一九九四年、三一～六八頁。
（6）横山浩司『子育ての社会史』勁草書房、一九八六年。
（7）大日向雅美「子どもと母性・父性・育児性」濱野一郎、網野武博編『子どもと家族』中央法規出版、一九九五年、七二頁。
（8）広田照幸は、歴史社会学の領域から家庭教育の状況を分析しようと試みた。たとえば、以下のようである。

「『家庭の教育力の低下』言説が次第に目に付くようになっていったのは、高度成長期の後半にあたる六〇年代半ばごろからであった。しかしながら、現実に起こっていたのは、あらゆる階層が学歴主義的競争に巻き込まれながら、『家庭の教育力』を自覚させられる過程であったということができる」と論じた（広田照幸『日本人のしつけは衰退したか』講談社、一九九九年、一一三〜一一四頁）。

（9）牟田和恵『戦略としての家族』新曜社、一九九六年、七九頁。

（10）小学館『家庭の教育』一巻一号〜四巻一二号、一九六五〜一九六八年。「これからの家庭教育は、〃専門化〃の方向へ向かうべき」との編集部の判断で、休刊後の読者は、『ベビーブック』『めばえ』『よいこ』『幼稚園』『小学一〜六年生』などの発達段階別各雑誌に吸収された。

（11）『家庭の教育』小学館、一九六五年三月号、一二二頁。

（12）本田由紀「『教育ママ』の存立事情」藤崎宏子『親と子――交錯するライフコース』ミネルヴァ書房、二〇〇〇年、一六〇頁。

（13）桜井哲夫『ことばを失った若者たち』講談社、一九八五年、八四頁。

（14）村上俊亮ほか編『家庭教育指導事典』帝国地方行政学会、一九六九年、一頁。

（15）家庭教育の会編『問題児・異常児――家庭教育の赤信号――』誠文堂新光社、一九六六年、二三一頁。

（16）『家庭の教育』一九六五年五月号、八九頁。

（17）同前、一九六六年三月号、一〇二頁。

（18）同前、一九六五年九月号、八八頁。

（19）品川不二郎・品川孝子『わが子とつきあう法』主婦の友社、一九六六年、一〜三頁。

（20）山下俊郎『家庭教育』光生館、一九六五年、二九〇〜三〇〇頁。

（21）重松敬一『父性と母性について――現代家庭教育論――』昇栄社、一九六六年、一二八頁。

(22) 広田照幸『日本人のしつけは衰退したか』講談社、一九九九年、一〇七～一一一頁。
(23) 青木茂『家庭の経済相談』有斐閣、一九七〇年、五五頁。
(24) 同前、六三頁。
(25) 文部省編『我が国の高等教育』一九六四年。
(26) 木村栄「閉ざされた母性」井上照子・上野千鶴子・江原由美子編『母性』岩波書店、一九九五年、一九一～一二四頁。
(27)『家庭の教育』一九六五年四月号、七七頁。
(28) 同前、一九六五年七月号、六九頁。
(29) 同前、一九六五年八月号、五二～五三頁。
(30) 同前、一九六五年一〇月号、八九頁。
(31) 同前、一九六八年三月号、八三頁。
(32) 同前、一九六八年一月号、八四頁。
(33) 同前、一九六六年一一月号、二二～二三頁。
(34) 同前、一九六五年一〇月号、一六頁。
(35) 同前、一九六五年一二月号、一一一頁。
(36) 同前、一九六六年三月号、八八頁。
(37) 同前、一九六五年九月号、八九頁。
(38) 同前、一九六五年三月号、八八頁。
(39) 同前、一九六五年一〇月号、八九頁。
(40) 牛島義友『家庭教育と人間形成』国土社、一九六四年、一七三～一七五頁。

(41)　一九六二年七月一九日池田首相は第二次内閣改造を終わった後の記者会見で、人づくりの基本方向として、①大学を含めた学校教育②社会教育③家庭教育、の刷新と充実を語った。
(42)　厚生省児童局編『児童福祉白書』厚生問題研究会、一九六三年、三頁。
(43)　同前、一五頁。
(44)　同前、一六頁。
(45)　同前、七頁。
(46)　村上俊亮、小山隆、沢田慶輔、藤原英夫『家庭教育指導事典』帝国地方行政学会、一九六九年、一四八頁。
(47)　日本教育新聞社『日本教育年鑑　一九六五』一九六四年、三一頁。
(48)　大日本女子社会教育会編『新しい家庭教育のありかた』大日本女子社会教育会、一九六一年、一七五頁。
(49)　一九五一年ＷＨＯを通じての出版。
(50)　瓜巣憲三「養護の指導性と技術の問題」『社会事業』第三三巻第一二号、一九五〇年。
(51)　大日本女子社会教育会編、前掲書、一七四頁。
(52)　厚生省児童局編、前掲書、三九頁。
(53)　『家庭の教育』一九六六年一月号、一一二頁。
(54)　同前、一九六五年一一月号、八九頁。
(55)　同前。
(56)　家庭教育の会編、前掲書、二三〇頁。

# 第二章　一九七〇年前後にみる家庭教育論の史的総括
## ――家庭主義の普及――

本章では、戦後、とくに高度成長期の一九六〇年代から七〇年代に亘って注目を浴びた家庭教育論を参考に、その注目の理由を考え、そこから高度成長期の家庭の意識を形づくった価値観を探ろうとする。前章で取り上げた、一九六〇年代に設定された子育て家庭の教育熱心の基本的枠組をさらに考察するために、当時の家庭教育論の史的総括を試みる。そして、子育て家庭の心性がいかに形成され、社会的なまなざしが生まれ、現在に至っているのかという点をすくい上げたい。

## 1　戦後家庭教育論の見取り図

一九六〇年代が家庭教育ブームと言われるのはなぜか。当時の家庭教育論の出現とその消費について、大まかな見取り図を描いておこう。

国立国会図書館に所蔵されている書誌を調べると、家庭教育にまつわる最も古い文献は一八八九（明治二二）年の小池民次、高橋秀太編『家庭教育』である。以降、一八九〇年代、一九〇〇年代と

一〇年毎に区切ってその出版数を調べてみると、一九五〇年代までは平均三二冊となっている。一九四六年から一九四八年の終戦直後はその所蔵が見られないが、それ以外はだんだん増えるというわけでもなく、家庭教育論はコンスタントに毎年生産されてきている。その内容は、戦前は修身がその主たる内容であり、一九四〇年代前半の太平洋戦争時は『国の子の家庭教育』『戦時下の家庭教育』などが見受けられる。

戦後すぐ一九五〇年代家庭教育論には、児童中心主義とソビエト教育学の影響が見られる。『羽仁もと子著作集』、『マカレンコ著作集第一巻』が一九五〇年に出版されているし、一九五三年には、「成蹊小学校教育研究会」から、低学年、中学年、高学年向けにそれぞれ『家庭教育事典』が編まれている。同じ年に『わが子の導き方』も同研究会から出版されている。

とりわけ、「愛と規律の家庭教育」という巻題がつけられた『マカレンコ著作集第一巻』は、この時期の家庭教育論に馴染み、一九五三年には著作集の新訳改訂版が出て、五四年には増刷され、五五年には巻題がずばり本のタイトルとなり、『愛と規律の家庭教育』という新書版で上梓され、六一年には文庫となっている。

家庭教育に「学習」や「教育」の視点が参入してくるのは、渡辺泰造の『我か子の教育診断』（一九五二年）頃からで、『苦手な学科を得意にする方法』（一九五七年）を出版した西日本図書株式会社は、続いて「家庭教育シリーズ」第二弾として、『親は先生に何を聞き何を話したらよいか』（一九五八）を出版している。

一九五九年『親に問題がある』が磯村英一と萱沼素《かやぬまもと》によって上梓される。磯村は、都市社会学の第一人者であり東洋大学の学長も勤めた人物であるが、五五年に大規模な「社会階層と社会移動」全国調査を行い、五六年には六巻から成る『現代家族講座』を編んでいる。

磯村の『都市社会學』（一九五三年）は次のように評されている。磯村は、「底辺を生きざるをえない人々と積極的にかかわり、都市の日常を生きる多くの人たちがなお見ようとしなかったもの、考えようとしなかったことを可視化し、そこに都市という対象を構成している重要な何かを感じていく。そして調査者として驚き、行政人として戸惑い、人間として怒りまた迷いながら、問題に踏みいろうとする姿勢が飾らずに率直に残されている(1)」。磯村は、『都市社会學』の「浮浪者」の項で次のように述べている。「端的に問題解決の方法を列挙することにしよう。（略）浮浪児の問題は、一般浮浪者の問題でもなく、一般児童擁護《（ママ）》の問題でもない。正に浮浪児を浮浪せしめている家庭の貧困の問題であり、酷貧者・浮浪者を成立せしめているところの、同じルンペン・プロレタリア発生の基盤社会の問題である。浮浪者はそれだけをどこかに収容してしまえば片付くかも知れないが、浮浪児はその貧困な家庭を手入れすることなくして解決し得ない(2)」。磯村が一九五〇年代の都市スラムや浮浪者の実態から、家庭の貧困を継続させる基盤社会を問題とし、新しい家庭のあり方を志向し、「家庭の手入れ」にその思考が及んだ軌跡が見て取れる。都市の実態が、戦後家庭の近代化を促進する大きなバックボーンとなっている。

同様に、六〇年になるとその名も『新しい家庭教育のありかた』や『これからの家庭教育』といっ

た本が重版されて世に出される。ますます、戦後の家庭や親のモデルが求められてきたといえる。

急激に家庭教育に関する本が増えるのは、一九六四年である。『新しい父母の発見』、『家庭教育と人間形成』、『家庭教育の疑問に答える』、『家庭教育の心理学』、『家庭教育論』、『家庭の道徳教育』、『現代家庭教育読本・第一』、『根性づくりの家庭教育』、『すてきなパパとママ』、『よい子よい親の条件』、『マカレンコ全集、第五巻』[3]などが六四年に一斉に出版されている。すでに潜在化していた家庭教育ブームが表面化した年となる。

六五年以降は、家庭教育論の中に「学習」が色濃くなってゆく。『家庭教師と塾の教育』（一九六五年）は明治図書の「シリーズ現代家庭教育新書」の分類である。文部省社会教育局による『家庭教育学級の現状・昭和四〇年度』や、全日本社会教育連合会『家庭教育学級の開設と運営』などが、家庭教育学級関係の資料として発行されている。

さらに六七年には、『一年生のしつけと勉強』、『お母さまこそ最良の家庭教師』、『子どもを賢く伸ばすおもちゃの与え方』、『子どもを伸ばす環境』、『さんすうは四・五才から』と、家庭教育が早期教育に結ばれてゆく様子が明らかになる。

家庭教育ブームが顕在化するにつれ始められた研究成果がまとめられたり、家庭教育に注目した行政が資料を公にするのが、一九六九年である。文部省社会教育局は『家庭教育に関する施策の現状・昭和四三年度』と『現代のおける家庭教育の諸問題』をこの年に公刊している。また、大阪府科学教育センターは『研究報告集・第四三号〜第四九号』を、東京都立教育研究所も『東京都立教育研究所

研究報告・昭和四三年度分』、また教育研究所協会が『「全国サンプリング調査による家庭教育の実態に関する調査研究」報告書・昭和四三年度』を出している。

## 2　人気のある家庭教育論の特徴——石原慎太郎『スパルタ教育——強い子どもに育てる本』の支持

一九六〇年代後半の家庭教育ブームに乗り、教育論の大ベストセラーを記録したのは石原慎太郎の『スパルタ教育——強い子どもに育てる本』であった。出版されたのが一九六九年一一月で、翌月には二九版、さらに翌年一〇月には九六版を重ね、七〇万部を売り上げ、現在もその本は人々の記憶に残っている。

京都大学教授、会田雄次による「この快著は、子どもを本当のおとなに鍛えあげてゆく道を明快に解く。だれもが実行できる家庭教育法として戦後はじめて成功した本である」のコピーと共にマスコミで取り上げられ、家庭教育への加熱するまなざしが本書を爆発的に普及させたのであった。

石原は、まえがきで「昔は、子どもが重大犯罪を犯した親は、世間が要求しなくとも、よく自殺をして社会に対してわびた。わたくしは、なにもそれを美徳とはしないが、しかし、そこに親としての責任感の強い表示がある」と「子どもの最大の教育者たるべき世の親たち」に対して、「家庭における子どものしつけ、教育について、われわれは、この社会全体の動乱期に、大きく反省しなくてはな

らない時期に来ているのではないだろうか」と家庭教育の「責任」を刻印づけた。

もくじは一〇〇項目から成り、なるほどと引き込んで読ませる記述も豊富だ。「母親は、家庭以外のことに興味があることを示すべきだ」、「他人の子どもでも叱れ」、「子どもの交際相手を選択するな」、「子どもが夢中になっているときに、就寝を強制するな」、「不器用さをはげましてやれ」、「無償の行為の喜びを教えよ」、「子どもは電車の中では立っているものだと教えよ」、「学校の成績できょうだいをくらべるな」など。

ところが物騒な記述も同様に見られる。「子どもをなぐることを恐れるな」、「子どもの可能性を信じるな」、「暴力の尊厳を教えよ」、「いじめっ子に育てよ」、「男の子を家事に参加させて、小さい人間にするな」、「子どもの見栄は大いにのばせ」、「子どもに、戦争は悪いことだと教えるな」、「親は自分のいちばん軽蔑する人間の話をしろ」、「先生をむやみに敬わせるな」などがあり、「人間の進歩や飛躍は、戦いの中にある」、「人生はしょせん戦いである」、「浪費こそ最大の貯金」と、歯切れよく書かれている。

育児書として、同時代に出版された松田道雄の新書(4)などと比べて、カッパ・ホームズシリーズの石原の本書は、内容には矛盾も多いが断然トップの売り上げを見せた。以下、見ていこう。

たとえば、「父親は、こどものまえでは母親を叱ること(5)」という項目では、「たとえ父親がいささかまちがっていても、子どものまえでは、その非を正しいものとして強引に通すくらいの力がなくてはならないと、少なくともわたくしは思う」。「父親は母親よりも強いものでなくてはならず、父権は母

権よりも、大きいものでなくてはならぬ」。「妙な設定かも知らぬが、母子に万一暴力的な危害が加えられたときに、命を賭してこれを守らなくてはならぬものは、だいいちに父親であるがゆえに、父親は母親よりも、家庭で権力を持たなくてはならない。」

「子どもをなぐることを恐れるな」(6)では、「愛し合っている男女が、その愛情を徹底的に伝える方法は、けっきょくのところ肉体の交渉でしかないように、恋人以上に濃いつながりである親子の、少なくとも親から子どもに対するメッセージを、もっとも効果的に伝える方法は、肉体対肉体の伝達でしかない」とされ、親が子どもに「さまざまな人間の規範」を「教え込む方法として、体罰を加えることが、好ましい。」

そして、ちょっとした冒険をして帰宅が遅くなった慎太郎に対して父が行った体罰が甘美な思い出として語られる。「大きな手がほっぺたに炸裂したときのあの畏怖感のなかに父親の愛情を感じたのを、いまだに覚えている。子どもは、幼ければ幼いほどなぐらなくてはならぬ。なぐることで親は、はじめて親の意思を直截に、なんの飾りもなく子どもに伝えることができる。その意思こそが愛情にほかならない。」

「太平洋戦争の話をしろ」(7)では、「人間の進歩というもののほとんどは、大なるものは戦争、小なるものは個人対個人の争いによってなし終えられてきたことは確かである。」「この日本の国家社会をながめ直してみても、今日の隆盛発展は、日本があの無謀でまちがった戦争とされている太平洋戦争を起こさないかぎり、決してありはしなかった。」「子どもに戦争は悪いことだと教えるな」(8)という項目

もある。

「暴力の尊厳を教えよ」(9)では、「当節、バカのひとつ覚えの平和平和のお題目の風潮のなかで、とうとう戦争に始まって、人間のなしうるすべての暴力が、まるで邪悪なものであるがごときものの考え方ができあがってしまった。」「人間の進歩や飛躍は、戦いの中にある。」「今日のように、平和だとか、話し合いだとかの虚名に隠れて、人間個人の尊厳が平気で傷つけられる時代には、個人の尊厳や自由は、あくまでも個人の肉体的能力の発露としての暴力をもって守らなくてはならぬことが、往々ある。」

次に、母親とのエピソードが語られる。子どものころ慎太郎は、級長の職権で過剰に同級生たちをとがめた仕返しに、帰りがけ待ち伏せられ袋だたきになった。帰宅した慎太郎は、自分が袋だたきにされるところを通りがかった弟は手が出せぬまま、そばで泣いている自分を見ていたと、帰宅して母親に告げ口をする。その後、「うしろめたそうな顔をして帰ってきた弟を、母親はなにも言わずに、いきなりなぐりつけた。」そこでいう。「人間にとって、道徳も言葉も、精神も理念も、すべて飾りでしかない。なにかのはずみで、それがすべてはぎ落とされたときに、われわれは、自分を最後に守るものは、肉体でしかなく、みずからの肉体的存在を主張するすべは個人の暴力であり、その暴力には、他の暴力と違った、かけがえのない尊厳があるということを子どもに教えなくてはならぬ。」

一九八三年六月一三日に、スパルタ教育で名を馳せた戸塚ヨットスクール事件が起き、中学生が三人死亡し、二人が行方不明になり、八六年までスクールは一時閉鎖された。「戸塚ヨットスクールを支援する会」の会長は、現在も石原慎太郎が務めている。

『いじめっ子に育てよ』[10]では、「わたくしは自分の好みとしても、自分の子どもがだれかにいじめられるよりは、だれかをいじめるほうを好む。」

『親は自分のいちばん軽蔑する人間の話をしろ』[11]では、「たとえ相手が自分にとって強い影響力のある相手であり、自分がその庇護をなにかの形で受けている場合でも、なお人間は相手を軽蔑する心のゆとりを持つことができる。そうしたとき、このような負い目があろうと、人間は軽蔑をもって、その相手をしのぐことができるのだ。人間がどのような状況にあろうと、軽蔑こそが自分を保つもっとも強い感情であるということを子どもに教えることは、子どもに人生のひとつの教規を与えることにもなる。」

以上、石原の教育論の特徴ある部分を見てきた。その思想は、多かれ少なかれ暴力的なものが基盤となっており、最近になり「国防戦士産出型教育」と言われる。[12]ただし、その点を取り上げ批判するのはたやすいが、実は本書は多くの売れ筋の家庭教育論に共通する典型的な特徴を持っている。その特徴とは何か。

一九七六年出版の『教育』の中で、平湯一仁は家庭教育ブームがどうしておこったかについて説明している。多くの親たちは、「戦後の価値観の転換で自信がないまま学校にまかせきりだっただけに、どこから、どう手をつけたらいいか、まったく見当がつかなくなった。いきおい、〝専門家〟のご高説拝聴ということになる。家庭教育ブームは、こうして、家庭教育書ブームというかたちをとるわけである」[13]と彼は述べている。

平湯は家庭のなかで完結する家庭教育論を問題としてこう指摘している。「家庭教育にかかわって、ずばぬけて売れている本に共通していることは、教育のことがすべて家庭のなかにおしこめられ、そこだけで完結させられていることである」[14]。また、住民自治の経験をもたない国民は、すべてを家庭のなかで処理せざるをえなかったことを取り上げ、「みんなの子どもがしあわせになるなかでなければ自分の子もしあわせにはなれないのだという共通認識は、まだできていない。そこに自分のことだけしか考えさせない家庭教育論がブームをよぶ地盤があるといえよう」という。

すなわち、石原の教育論は、国防戦士産出型の過激な色合いが目立つのではあるが、実は静かに子どもと家庭を追い込む、家庭で完結する教育をその中核とし、ついには家庭の孤立を導くテキストとなっている。

さらに、『スパルタ教育』の売れ行きが意味するものは、旧態依然とした家父長主義と、暴力で人間関係を治めるという分かりやすい方法に、市民がある意味、魅力を感じていたというふうに見て取れる。

さて、それでは反対に、この時期の国防戦士産出を拒否する側の教育論はどのようなものであったのか。

## 3　教育運動の特徴――

### 丸岡秀子『現代の家庭と教育――親と教師をむすぶ教育論』をてがかりに

丸岡秀子は女性、社会、教育についての評論家で、一九五一年に日教組教育研究集会第一回の講師となり、一九五五年の日本母親大会の創立に貢献している。戦後家庭教育論のオピニオンリーダーのひとりである。一九七七年出版の『現代の家庭と教育――親と教師をむすぶ教育論』から、当時の論理構成を整理したい。総発行部数は、石原慎太郎の『スパルタ教育』と比べると、大変少なく感じられる四〇〇〇部であった。

まずは、子どもの危機という状況が次々と取り上げられる。「一九六九年から七〇年にかけての社会は、若い母親の捨て子、生み捨て、嬰児殺しが続発し、新聞はそのための全国的キャンペーンを起こし、経済成長の土台になる社会の実体をあばいたものだった(15)」。その上で、価値観の変革を示唆する。

「古い価値で育てられたものが、体にしみついています。ですから、その自分自身の解放をめざさなければ新しい家庭秩序の成立は不可能になる。したがって、自己教育のできないものは他を教育することはできないという、この原理は不変のものです。(略)教育を考える場合、現代の家庭が、子どもの成長にとって、どのような条件をもって成立しなければならないか――それ

を明確にしなければならないことを、わたしたちは、長い教育研究集会のなかで考えさせられたのです（略）現代における家庭の課題は、家庭をそれ自身どうするかということの前に、そこでの一人ひとりの生き方をどうするか、その問題を総括したうえで、その家庭はどうあるべきかというところに向かうのが家庭にアプローチする基本姿勢だと、わたしは思います[16]」。

自己教育できないものは子どもを教育できない、が原理とされた上で、教育運動の中では、教育権と結びつけて語られた。

「子どもは教育をうける権利があり、教師は教育をする権利があり、父母は教育をさせる権利があります。この本質的な面での対等の権利関係をもつ教育集団こそ教師と父母の協力の形態であるという確信、これこそ『主権者と教育』という課題の本質ではないでしょうか。そしてこの教育権は、子どもは教育をうける権利がある、つまり子どもの学習権を起訴にした理論構造をもつことで、力強くたたかいを組み上げることができるのではないかと思います（略）『子どもたちは学習をうける権利がある』これこそ、上からの教育統制に対抗する民主教育の原点ではないかと[17]」。

そして、「親は子どもの学習権を実現するための義務を履行する権利として解釈される。子どもの権利が親権の内容を規定している。これは人権思想の帰結であり、親権は子どもの権利によって規定され、その義務性が強調されるようになる[18]」という堀尾輝久の議論を引いている。そして、丸岡は言う。

「父母は何よりも教室のなかでの教師とその教育内容を、自分の子どもの成長への願望とつなげて凝視している。教師と子どもの切りむすびを、期待と不安をもってみつめているのである。ここに子どもの学習権を中核とした親と教師の関係が成立している[19]」。

一九七〇年前後は、公教育における教育権をめぐって、国家が教育内容にどこまで関与できるのかの点について、学力テスト、教科書、その他の教育裁判などが行われ、いわゆる国民教育論が盛り上がりを見せる時期である。教育の私的利益の側面を「教育の私事性」というが、教育権の源は親の教育権にあり、教職員の教育権限は親からの信託にもとづくものとして構成された。その私事としての教育を、教員と親がともに要求し、教育を受ける権利の保障を求めた。丸岡の「子どもの学習権を中核とした親と教師の関係」の成立という発想は、ここに沿っている。

国民の教育権論は、国家が教育内容に広く介入することを正当とする国家教育権説を否定し、国民を主体として自由と権利保障の教育法理を根拠づけようとする学説であった。しかし、実際には、国民の教育要求は学歴社会を一般化し、差別と選別の教育状況が拡がったのはなぜか。

もう少し、丸岡の本を読んでみよう。当時の子育て家庭の意識を紹介している[20]。

「恵那地区の中学生の母親はつぎのようにいっていた。『(略)やれ勉強、やれ宿題と追いまわされて疲れきっている子ども、元気のない子どもを見ていると、身を切られるようにつらいのです。それを承知していて、やっぱり子どもを勉強においやらなければ親として、何としても不安だし、それでいて来年の春、子どもの望む高校に入れる保証は何もないのです』と。

しかし、これが多くの親の気持ちである。このままではいけない、こうでありたくない、もっと別の生き方をさせることはできないものか、とつらく思いながら揺れ動いている親の立場を責めることはできないと思う。事実、いまの社会状況は学歴がまかり通り、社会生活に入った場合も、いわゆるいい職場に入れ、昇給も昇格も、それがものをいう現実があるからである。」

さらに丸岡は言う。「多くの親たちにとって、今日の教育問題は、どういう問題をかかえ、それが子どもの未来とどうかかわるのかという根もとの問いよりも、自分の子だけの塾通いや成績表にこだわり、そのためには掃除や手伝いも、親のほうが先取りして、勉強、勉強と叱咤激励の親になってしまう(21)」。

子どもの将来の幸せを願う要求が、内申や偏差値への強い関心と結びつくという体制は、すでにはっきりと現れている。この点が、戦後子育て家庭の教育熱心の基本的な枠組みとして設定され、現在に至っているものである。

石原にしても丸岡にしても、それぞれの主張のどの部分が各家庭に受容されたかを示すことは難しい。しかし、この国防戦士産出を支持する側と反対する側の二人の主張には重なる点がある。それは家庭内での改善がその中核になっているという点である。すなわち、家庭主義、家族主義の発想である。

丸岡の場合は、それを学校や権利と結ぼうとする。権利にこだわりつつ、なおかつ他者と関わりをもちながら自己解放をはかるという方法への挑戦が可能であったと思われるが、しかしそれは重視さ

れてこなかった。そして、それは丸岡に限らず、この時期やそれを引き継いだ教育研究の特徴であったように思われる。なお、子どもの権利、とくに教育権の思想をめぐっては、第二部で展開したい。

## 4　戦後教育における家庭主義

高度成長期の社会的変化は急激である。一九七四年九月二八日には、日本の人口が一億一千人の大台に乗った。政府の人口問題審議会が、団塊の世代の急激な出生率増加にともない発表した一九七四年版『厚生白書』(「人口変動と社会保障」)はなんと人口のゼロ成長を提唱していた[22]。また、同年七月に開かれた第一回日本人口会議が「子供は二人まで」という提言を採択している。大会宣言本文を見てみよう。

われわれは子々孫々にわたるわが国の生存と生活を維持するための、国として、国民としての長期計画が必要であることを認識する。その方途は多面多岐にわたらざるを得ないが、少なくとも次の諸方向に求めるべきものであるとわれわれは信じる。(略)

1．われわれは、人口増加の勢いを阻止するための節度ある、しかも効果的な対策が必要であると考える。さきに人口問題審議会は政府に対して、わが国の〝静止人口〟達成計画の採用を答申したが、われわれはその趣旨に賛成であり、同時に〝子供は二人まで〟という国民的合意を得るよう努力すべきであるとさえ考える[23]。

現在の出生率低下や少子化傾向を問題とする状況からいえば、三〇年前には出生率増加を抑えようとした歴史が存在することは、とても皮肉に見える。

産業構成も一九六〇年代を通じて急激に変化した。就業者人口に占める第一次産業（農林水産業）の割合は一九六〇年の三〇・五％から、一九七〇年の一六・五％へと激減し、一〇年後には一〇％を切った。いっぽう、第三次産業（サービス部門）は急増し、一九七四年には就業者総数の半数を超えた[24]。第二次産業と第三次産業を合わせた非農林漁業雇用者世帯の増加をサラリーマン化と言うが、サラリーマン世帯の割合は、一九五五年は、三九・四％であったのが、一九六五年には五三・六％と半数を超え、一九七五年には六〇・八％に達した。また、有配偶人口に占めるサラリーマン世帯の専業主婦の比率は一九五五年の三〇・一％から一九六五年には三六・五％になり、人口数でも、サラリーマン世帯の専業主婦の数は、一九五五年の五一七万人から一九六五年には七九七万人、一九七〇年には九〇三万人と高度成長期に倍近い増加を示している[25]。激増した彼女ら専業主婦が、いわば家庭教育ブームの主役となり、少なく産んだ子どもへの手厚い教育に専心する状況が確立した。

では、当時の政策はどうであろうか。戦後教育政策史の分析では、高度経済成長期の分析においては人的能力開発政策を取り上げることが定番であるが、その後、文部省や厚生省から出された家庭保育をことさら強調した保育政策の動きなどと合わせて考察する必要がある。一九七九年に政府が相次いで発表した「家庭基盤充実政策」と「保育基本法」は次のような考え方からきていた。三世代同居、家族扶養、家庭保育など、すべて家族主義をその基礎においた。そして、主婦＝専業主婦を奨める税

制や家庭対策が実行に移された(26)。

現在の経済学分野が行った高度成長期における家計研究では、次のように言われる。

「一定の家計支出構造の確立」を別様に解釈すれば、消費における「規範的性格」が強まっているものと考えられる。すなわち、社会的に望ましい生活水準の達成のために、優先的に振り向けられるべき支出への圧力（家計支出の規範的部分）が、夫の諸属性の如何にかかわらずどの家族にもほぼ均等に作用している。それは夫の属性の如何では家計を圧迫する要因となるが、同時に家族としてあるべき姿を実現するのに必要なものとして、自然に受容・内面化されているという側面も強いのではないか(27)。

高度成長期には、家計支出構造が確立したという。その意味は、個々の家庭で消費するものが一定、定まったということである。望ましい生活をするために支出する経費がはっきりとしたのである。高度成長期に確立したものは、子育て枠組だけではなかった。同時に、家計支出の枠組もまた確立し、たとえば、子育て家庭の家計の中心に位置するのが教育費となった。

いまや、教育費は子育て家庭の問題だけではなく、少子化の最も大きな要因でもある。国立社会保障・人口問題研究所の調査（二〇〇二年）によると、少子化の最たる理由、「女性が理想の数の子どもを持とうとしない理由」の第一位は「子育てや教育にお金がかかりすぎるから」であり(28)、二位を大きく引き離している〔表1〕。

では、親の意識はどうであろうか。

**表1　女性が理想の数の子どもを持とうとしない理由**

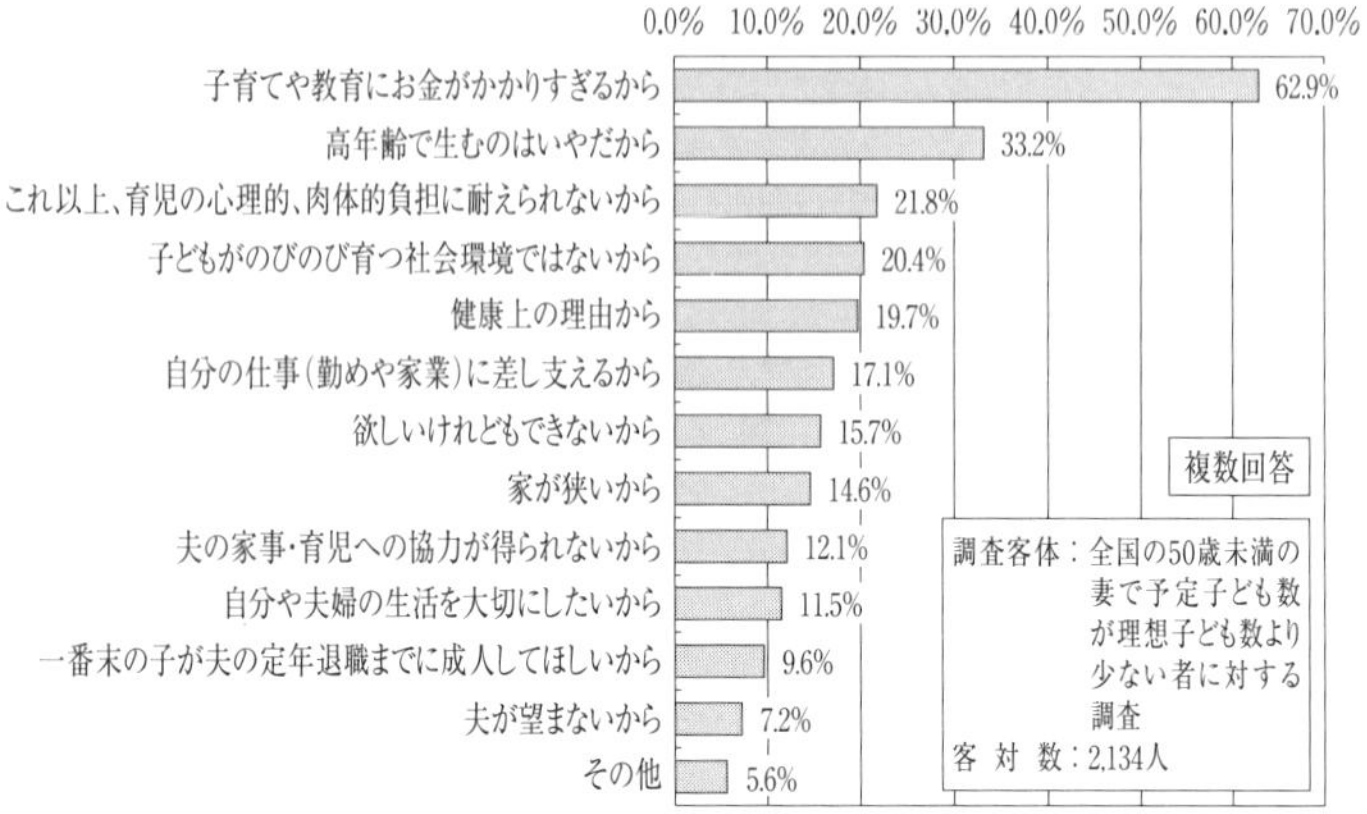


［資料］　国立社会保障・人口問題研究所「第12回出生動向基本調査」(平成14年)。

多くの親たちは、子どもの自立をゴールとして子育てをする。その自立とは、経済的自立、つまり親が金銭的援助をしないで子どもが生きていけるようになる状態という意味合いが強い。

家庭教育は、一般に子どもの躾としてイメージされる割合が高いにもかかわらず、実際に家庭で行われる教育は、就学前からすでに、子どもの経済的自立をゴールにおいた「家庭学習」に引き寄せられている。

本書の中で取り上げている、高度成長期直前から一般化した、「学問や学歴がないといい仕事につけない」という価値観は、その後の子育て家庭を自他ともに縛ってゆくようになる。なぜ、この学歴社会に直結する価値観が広がり、家庭は追い詰められてゆくようになるのか。

現在の小・中学生の保護者への調査によると、「子どもの進路」や「受験準備」が「一番の気がかり」だと回答する保護者は、小学校高学年から中学にかけて

急増し、最上位二つに踊り出る。いっぽう、保護者の「学校の取り組みに対する期待」というのは第一位から順に、「子どもが人間的に成長するのを助けること」、「いじめ問題や友だち同士のトラブルへの対応」、「子どもの学習進度や興味・関心にあった教え方をすること」、「教科の基礎的な学力をつけること」となっている。(29) これをよく見ると、親たちの学校への期待は、第一位と二位の、子どもの「人間的な成長」と第三位と四位の「学力保障」という時には反発し合う二つの項目で成立していることが分かる。私は、子ども達が育つ上で、この保護者が当たり前のようにもつ、いわばダブルスタンダードは、子育てのみならず、色々なレベルでずい分と矛盾を生み出してきたと思う。

社会学の知見では、ダブルスタンダードの問題は、次のように言われる。ダブルスタンダードの存在する社会では、その二重基準が当たり前として固定され、人びとは自律的な判断と行動が難しくなりがちになる。ダブルスタンダードは、人々の思考を停止させ、「心の習慣」となってしまう。

実際には、そのダブルスタンダードはバランスを保っているわけではない。「人間的な成長」への期待を、発達・競争を基準とする「学力保障」の側が覆い尽くしている。人間の成熟したありようは、人と生き合う経験を通して初めて育まれていくものであろう。ところが、より高い点数を獲得するための、発達・競争志向にあって、人と生き合うという価値は、家庭やその子自身からも、残念ながら切り捨てられやすい。ついには、大人も子どもも、人間的な成長への期待さえ見失ったり、見つけることができなくなってしまう。

この親意識は、戦後日本の学歴社会や能力主義を育てもしてきた。この矛盾を抱えたまま家庭は、

再生産、消費文化を支持する場として国家のパートナーとなり、資本主義的国家を発展させてゆくことになった。

## 5　ターゲットとしての「家庭教育力」

一〇代の少年が加害者の無残な事件が注目を浴びている。長崎で起こった幼児誘拐殺人の後、政府の青少年育成推進本部の副本部長を務める鴻池防災担当相は、「(罪を犯した少年の)親は市中引き回しのうえ打ち首にすればいい」と発言した。[30] この発言は世論からかなり支持を集めた。適切に子どもを育てることは親の責任という暗黙の了解事項がある。だから、誤ったことを行った子どもに関しては、その親が責任を取り、あるいは感じる必要があるということである。ここには、この少年やその家庭を「『我らが内なる存在』として社会や個人の内部でとらえ[31]」るという発想はない。鴻池大臣の発言が支持を受けたように、世論でも子育て家庭が批判の対象とされる傾向にある。

教育改革の基本方向の一つは「家庭の教育力の回復」である。

家庭教育支援をめぐる最近の主な動きを見ていこう。

まず一九九八年六月の中央教育審議会答申「幼児期からの心の教育の在り方について」では国として家庭におけるしつけの在り方や家庭教育の充実について積極的に提言が行われた。それを受けて二〇〇〇年一二月の教育改革国民会議報告では「教育の原点は家庭である」と確認された。二〇〇一年

七月には、社会教育法が改正され、教育委員会の事務として家庭教育に関する学習機会を提供するための講座の開設等の事務を明記し、家庭教育支援のための体制の強化が図られた。

一方、二〇〇二年七月の今後の家庭教育支援の充実についての懇談会報告では、「社会の宝」として子どもを育てるとの認識の下、社会全体ですべての親の子育てを支援するために提言を行った。

しかし、二〇〇三年三月の中央教育審議会答申では、「教育行政の役割としては、家庭における教育の充実を図ることが重要である」とされた。家庭の子育てと社会的子育ての間を行ったり来たりする政策の振り子は、家庭教育がイデオロギーの場であることを明らかにする。

教育基本法の見直しを打ち出した本答申「新しい時代にふさわしい教育基本法と教育振興基本計画の在り方について」（二〇〇三年三月二〇日）では「国を愛する心」を掲げる一方で、基本法に家庭の役割や責任を新たに盛り込むよう求めている。家庭教育は、子どものマナー・生活習慣などを養う上で重要なのに、子育てに自信を持てない親が増えてきたと、家庭の教育機能の低下を指摘した。

さて、それでは以前は、家庭教育はうまく機能していたのであろうか。

以前は家庭教育がうまく機能していたというよりも、近隣や街、兄弟姉妹など多くの人々の教育機能に支えられ子育てが成立していた。その支えが失われる中で子育てが困難になったというのが事実であり、家庭の教育機能が低下したというのは正しくない。

そもそも、家庭教育が登場したのは、公教育制度ができたことによる。子どもの暮らしに次第に学校が大きな意味を持つようになるのに伴い、家庭でも学習を行うべきだと考えられるようになったの

である。

子育てを家庭だけで担うようになったのは近年になってのことである。一九六〇年頃から、子どもは少なく産んで手厚く育てることが一般化した。加えて、近代化が進むとともに人間関係が希薄化しそれまで商店街や近隣が自然に備えていた子育て機能はどんどんと失われていった。

子育てに孤軍奮闘し始めた家庭は、近代の学習要求を引き受け、子育て内容の大半を学習に関する事柄に向けた。学習環境を整えることが家庭の宿命となったということこの状況こそが、たとえば、本中教審答申のいう子どものマナーを培う家庭の教育力を家庭自身から奪っている。

答申の施策の基本的な方向のトップに登場するのが「確かな学力」の育成である。基礎基本の徹底や学ぶ意欲を育てる教育の充実がその眼目だ。「確かな学力」の育成と「家庭の教育力の回復」――答申がうたうこの二つは、実は、ねじれ絡み合う関係にある。

教育の原点とされる家庭の多くは、子どものマナーより遥かに、入試をにらんだ子どもの学力が関心事だ。皮肉なことに、学力低下を問題とし、基礎基本の徹底などの「確かな学力」の育成を目指せば目指すほど、家庭はより教育熱心になり、子どもの生活に対する配慮などの「家庭の教育力」は低下するという現実がある。

したがって、この答申には、子どもと家庭への無理難題が併記されている。もっと学力を、と家庭が自らを追い詰める状況を作り出しながら、家庭の教育力が豊かに育つとはとうてい思えない。

近年の政策は押しなべて「家庭の教育力の低下」を問題とする。[32] 子どものしつけを手ほどきする文

部科学省のマニュアル『家庭教育手帳』（乳幼児を持つ親対象）と『家庭教育ノート』（小中学生の親対象）が配布された。一九九七年神戸の連続殺傷事件などの影響を受け、一九九八年に中央教育審議会が家庭教育の重要さを答申したのがきっかけで、子どものいる全家庭にこの二種類のマニュアルを五年間で行き渡らせる計画を立てた。

また、近年、各自治体は、家庭教育のビデオを積極的に導入し、親教育に力を入れ始めている。親の落ち度を指摘する親のあり方論から導かれた「親教育」は、具体的には子育てへのマニュアルや支援という形を取って現われてくる。

旧文部省は家庭教育の領域に深く踏み込むのを避けてきた。一九六六年、中教審の提言「期待される人間像」をめぐり、「国が（家庭などに）口を出すのはおかしい」と強く批判されたことが尾を引いていた。少年事件への注目や、小学校の「学級崩壊」をきっかけにしてタブーが解かれたということになる。

「家庭の教育力」が政策の中で注目し始められるのは、戦前に遡るが、近年の教育政策でクローズアップされてきた「家庭の教育力」は、実は少年事件への注目がきっかけというわけではない。

高度経済成長期における教育政策の分析では、「人的能力開発」政策が注目される。しかし同時期に、「人的能力開発」政策に呼応した形で、「家庭基盤充実政策」や家庭保育を強調した保育政策があった。一九七八年、当時自民党幹事長だった大平氏は総裁選立候補にあたって「一つの戦略と二つの計画目標」を発表した。戦略とは「総合的な安全保障の確立と強化」、計画目標とは「田園都市の建

設」と「家庭基盤の充実」であった。したがって、家庭基盤充実政策を打ち出したこの地点から戦後政策で家庭のあり方が強く意識されるようになる。

家庭教育政策を含む家庭のあり方をめぐる諸政策は、家庭を基盤とする日本型福祉社会づくりであり、「問題」のある家庭を減らすためのいわば、治安対策であり、危機管理政策でもある。そこではあるべき親論という権力的な言説が流通する。「良い家庭、悪い家庭」、「良い親、悪い親」の虚構を生産することで、現在の家庭は「あるべき家庭像」「あるべき親像」に多かれ少なかれ縛られている。一九六〇〜七〇年の家庭教育ブームでは、家庭内で教育が完結する手頃なマニュアル本、たとえば石原慎太郎の『スパルタ教育』が注目された。これは、核家族化の進展とともに、子育てがどんどんと家庭内に閉じ込められる状況になってきたことを表している。

教育基本法改正論議における家庭教育の強調は、親の責任の重視という論理を導き、現在の教育関連政策はその方向に舵を取りつつある。人間として未熟すぎる親たちが居て、その親たちがつくる家庭に届けられるたくさんの支援や言葉があるのはいい。しかし、家庭教育の強調が問題となるのは、親の責任の重視という論調の中で、それが政治的スローガンのひとつとして用いられ、市民の意識が形作られていく点である。

## 6　家庭主義の克服

本稿では、まず戦後家庭教育論の見取り図を提示し、一九六〇年代からの家庭教育ブームを跡づけた。次に高度成長期の石原慎太郎著書がベストセラーとなった意味に、家庭教育が家庭で完結するという「分かりやすさ」があったこと、また、同時期の丸岡秀子に代表される教育運動の思想にも、子どもの学習権を中核としながら、あるいはそれゆえに家庭主義の発想があったことをみてきた。

そこで、まず第一に、家庭教育を家庭で完結させる考え方が、この時期強化され、現在の子育て家庭自体や、子育て家庭をみるまなざしの枠組になっている点があげられる。

第二に、高度成長期、丸岡秀子の議論からすくい上げることができるのは、親が行う子どもの学習権の要求は、子どもの将来の安定や、せめてなんらかの仕事についてほしいという意識と繋がっていること。それゆえ、戦後の親意識は、学歴社会や能力主義を育ててきたことを示した。このありようが、現在の子育て家庭の基本的な枠組であり、それは個人中心主義を基盤にせざるをえない。そして今、その家庭に、さらなる親の義務が強調されつつある。

近代の原則は、子どもの生活と教育は何よりも家庭によって保障されるとする。しかし、子どもの生活と教育の保障が第一義的に負わされる家庭とは、経済的にも精神的にも「不安定」たることをその本質とする。「不安定」で絶えず動的である筈の家庭に経済保障の責任が負わされている以上、子どもは家庭の状況如何によって常に階層づけられ差別される。(33)

にもかかわらず、近年の社会的なまなざしは、「家庭教育力の低下」に統一され、家庭よもっと頑張れということになっている。虐待に対しては家庭への介入・親教育に方向づけられ、教職員も子ど

もの問題は、家庭が不十分だからと頷きあう。政策は、家庭教育の強調であり、教育基本法改正案にもその要望は反映されている。

さて、親の義務や家庭主義の強調により、いったい何が起こったのであろうか。果たして、親達が子育ての義務を切実に感じるようになったのであろうか。むしろ、社会全体の家庭バッシングの勢いが強まったのではないだろうか。家庭の孤立化が促進されたのではなかったか。そして、家庭の孤立化は、子育てのさらなる個人中心主義を呼ぶことにはならないか。個人中心主義の問題というのは、自分に直接利害のない人間関係は重視せず、むしろ避けて、資本主義社会の原理が構築されていることである。

家庭教育の強調に現れる家庭主義について、寺崎弘昭は次のように述べている。「少子社会の到来によって、近代情愛家族を超えて「家族主義」を克服することが要請され、多様な家族や生のかたちを包む「社会的寛容」が要請されるとき、大人と子どもの教育（養育）関係も多様なかたちを新しく再現させるものとならざるを得ないのである[34]」。

また、「現在の子どもをめぐる逼塞状況を超えるためには『実の親以外の大人との多様な『ナナメの関係』へと開かれねばならない[35]」と鈴木聡は、家族主義の克服を示唆しつつ述べる。子育てで重要なのは、すでに破綻の様相を呈している家庭主義の強調ではない。加えて、直接に利害のない人間関係が、実は私たちが生きる上での強い利益になるという思想を育て合うという視座が、これからの国民、そして市民の育成に最も大切であろうと思われる。

（1）佐藤健二「磯村英一『都市社会学』書評」『書斎の窓――有斐閣の二〇世紀の名著：五〇選』二〇〇〇年、一二月。
（2）磯村英一『都市社會學』有斐閣、一九五三年、三六三～三六四頁。
（3）マカレンコ全集第五巻の巻題は、「親のための本、子供の教育について、家庭教育の諸問題」であった。
（4）松田道雄の『私は赤ちゃん』（一九六〇年）は累計六九刷で九七万部、『私は二歳』（一九六一年）は五八刷で六五万部となった。（二〇〇四年一二月現在）現在も記録を更新しており、ロングセラーの結果、『スパルタ教育』はゆっくりと追い抜かれたことになる。
（5）石原慎太郎『スパルタ教育――強い子どもに育てる本』光文社、一九六九年、三八～三九頁。
（6）同前、四〇～四一頁。
（7）同前、八〇～八一頁。
（8）同前、一四四～一四五頁。
（9）同前、八二～八三頁。
（10）同前、八九頁。
（11）同前、一四七頁。
（12）武藤功、山根献、牧梶郎、『石原慎太郎というバイオレンス――その政治・文学・教育』同時代社、二〇〇三年。
（13）平湯一仁「家庭教育ブームのなかで考えること」教育科学研究会編『教育』一九七六年二月号、国土社、六〇頁。
（14）同前、六四頁。
（15）丸岡秀子『現代の家庭と教育――親と教師をむすぶ教育論』青木書店、一九七七年、八〇頁。

(16) 同前、一〇頁。
(17) 同前、一九～二〇頁。
(18) 同前、九八頁。堀尾輝久『現代教育の思想と構造－国民の教育権と教育の自由の確立のために』（一九七一年）を援用している。
(19) 同前、九九頁。
(20) 同前、一〇三頁。
(21) 同前、一〇九頁。
(22) 厚生省編『厚生白書』昭和四九年版。
(23) 青木尚雄「第一回日本人口会議の概要」国立社会保障・人口問題研究所編『人口問題研究』四四頁。
(24) 渡邉昭夫『〈日本の近代八〉大国日本の揺らぎ　一九七二～　』中央公論新社、二〇〇〇年、一七三～一七四頁。
(25) 玉井金五・久本憲夫編著『高度成長のなかの社会政策――日本における労働家族システムの誕生』ミネルヴァ書房、二〇〇四年、一三八頁（経済企画庁編『平成七年版　国民生活白書』大蔵省印刷局、一九九五年）。
(26) 藤井治枝『専業主婦はいま』ミネルヴァ書房、二〇〇二年、一九頁。
(27) 玉井金五・久本憲夫編、前掲書、一五二頁。
(28) 国立社会保障・人口問題研究所「第一二回出生動向基本調査」（平成一四年）。
(29) ベネッセ教育総研『子育て生活基本調査　小学生・中学生の保護者を対象に』二〇〇三年。
(30) 二〇〇三年七月一一日付、朝日新聞。
(31) 香山リカ「犯行動機は本当に『歪んだ性行動なのか』」創九月号、二〇〇三年。
(32) 児童福祉政策も同様である。たとえば、二〇〇二年九月二〇日に厚生労働省雇用均等・児童家庭局から出さ

れた「少子化対策プラスワン――少子化対策の一層の充実に関する提案」では、「今後の主な取組」として「子育てしているすべての家庭のために」五つの対策を講じている。その二番目が、「家庭教育への支援の充実」である。「育児不安の増大、児童虐待の急増等の背景として『家庭の教育力の低下』が指摘されていることを踏まえ、子育てについて学ぶ機会等の提供を行う。○子どもの発達段階に応じた子育て講座の実施や、子育てのヒント集の作成による子育て情報の提供を推進する」とされている。

(33)　伊藤祥子「『学校論』への問題提起――いわゆる『保育一元化』論批判」持田栄一編『教育変革への視座――「国民教育論」批判』田畑書店、一九七三年、一八七頁。

(34)　寺崎弘昭「少子化と教育関係のゆくえ――家族と子どもの心性史――」日本教育学会『教育学研究』第七一巻、第三号、九頁。

(35)　同前、一〇頁。

# 第三章　診査される子育て

「子育て」をめぐり親たちは、近年ますます翻弄され、翻弄しあっているように思われる。

子育て環境ですでに指摘されているのは、過度の母子密着と社会からの孤立、情報の洪水が育児不安を起こしやすくし、ついには子どもの虐待へと追い詰められていくという構図である。(1)

今、児童虐待について考える時、その背景には家庭の孤立という状況があるといわれる。実際に、阪神大震災時の神戸では、震災後四ヶ月に寄せられた虐待相談は一〇四件まで急増した。しかし、学校が再開した四月からはそれが激減するというドラスティックな変化があった。(2) 閉鎖された状況で、親密な家族という側面は、深い愛着関係を育てながら、一方で風通しの悪い関係を助長する。再開された学校という風穴が、高まった親たちのストレスを緩和したのである。

また、育児に真剣にとりくんでいる母親ほど「完璧な育児」を目指しギャップに悩み、ストレスを溜め込み電話をかけてくると、電話相談員は証言する。(3) これは、母性喪失を問題とし強調すればするほど、結果として「母性」が不安定になるというパラドックスを明らかにする。そこで、「親たちはよくやっている。この事実に触れず、いたずらに養育不安を煽る言説はやめよう(4)」という声も、小さ

いながらようやく現われるようになった。

子育てをめぐり、家庭教育力の低下を問題とする立場、それに対して、家庭が問題というよりも、子育てが大変に感じられる状況そのものを問題にする立場がある。子育て文化の方向性をめぐる争いがあるのだ。

子育て支援現場でも、保健師(5)、保育者等の子育て支援をする側と若い世代の母親の考え方には、大きな開きがある。そこで本章では、子育てにおけるシステムや制度が、現状の解決策としてどのような可能性と限界があるのかについて考えたい。

福祉領域は問題の対処に追われ、そのシステムづくりが中心課題になりやすい。児童虐待の問題に関しても同様に、虐待ケースの加害者と被害者のケアに関するシステムづくりが現在の中心テーマになっている。そこで、親教育や家庭への介入が課題となっている。しかしながら、福祉のシステムづくりが慌しく先行し、なぜ虐待が深刻になってきたか、あるいは、そう見えるようになってきたのかという点に関しての研究と、実際の母子保健現場をつなぐ作業はほとんど進んでいない。構造的な虐待の問題と現在機能している児童保護システムは、結びついていないのである。

にもかかわらず、家庭への介入が急がれ、その方法は、多くは一歳六ヶ月児や三歳児に行なわれる健康診断時の「診査票」をきっかけにスタートする。

## 1　戦略としての母性

### （1）　近代化をバックアップする母性

日本の「母性」概念受け入れの意味を読み解くことは、興味深い。「母性」という語は、大正期にスウェーデンの思想家エレン・ケイの modelskap（英語の motherhood）が訳され、昭和期に入って定着したものである。[6]ケイは、母性の主張と家庭中心の教育論に道をつけた。一九世紀の女性の社会的な解放は、子どものいる家庭がおろそかにされ、母性が忘れられたと問題にした。近代化をバックアップする「母性」という訳語は、このような政治的な論争を備え登場し、日本に輸入されたのである。

したがって、母性に関する議論が、平塚らいてふや与謝野晶子たちによる第一次母性保護論争に始まるのは、必然であった。やがて、戦後の母性研究では、「母性」概念は、時代や社会、家族のあり方によって変化すると考えられるのが一般的となった。まず初めに、母性神話に意義を申し立てたのは、社会史や哲学の研究者たちであった。以降、日本でも、一九八〇年代には、心理学・社会学・人類学・歴史学などの諸分野で女性研究者の手による母性研究が盛んになった。[7]

そもそも、女性には自分の産んだ子を慈しみ守り育てようとする性質が自然なものであり、本能的に備わっていて、この母性愛が母性行動を引き起こしていくというイデオロギーが通念となっていた。

しかし、一九八〇年にエリザベート・バタンテールが、子どもに対する母親の態度を歴史的変遷に沿って追求することで、母性「本能」と言われるものが「神話」にすぎず、つくられたものであると実証を試みたのであった。[8] 日本で翻訳された初版は、一九九一年である。現代の私たちが日常感覚の中で当たり前のものとして持っている家族観や家族愛とは異なる親子関係が歴史的に存在してきたことを史実で裏付け、母性愛は近代の産物にすぎないと述べた。

## (2)「母性」理解——二つの立場

子育てには母性がなによりも大切であるとし、その母性を主に母親に要求する立場がある。一九六〇年代以降の心理学分野が発端になり展開された立場で、代表的な考え方は次のようである。

「両親、とくに母親が子どもを放任したり、愛情や関心をもつことができず子どもに拒否的な態度をとっていると、その子どもは大きくなるにつれ他人に攻撃的行動や敵意を示すようになる。そうならないために、子どもを十分に受け入れ、愛情をもって子育てをしていくことが基本的信頼関係を育てるためには重要である。[9]」

このような考え方を、「母性」を人間的要素としてとらえる立場とすれば、もう一方に、「母性」を抑圧装置としてとらえる立場がある。

一九七〇年代の女性解放運動に前後し、「母性」が女性に元来備わっているものであるという考えに対して、女性たちからの反論が起こった。やがて、母性神話の批判にともない、「女の社会参加・

男の育児参加[10]」が方向づけられるようになってきた。

二〇〇一年四月に設立した、日本赤ちゃん学会でのシンポジウムでは、三歳児神話の是非をめぐって討論がなされた。シンポジウム報告の「幼児期の母親の仕事の有無は子どもの問題行動には関係しない[11]」という結果が、同年四月二二日の朝日新聞に掲載され、それ以降、大きな反響があった。

これら「母性」をめぐる現代の論争を概観した時、私たちに今求められているのは、子どもを育てるといった人類発生から連綿と続いてきた行為が、なぜこのように大変に思われるようになってきたのかを問い、日本社会の歩みや現実の社会的状況を冷静に眺めることであろう。

## 2　母子保健の思想

### (1)　重くなる子育て責任

一九六〇年代に入って、高度成長期の進展とともに、近代化、そして産業構造の変化により、女性は「主婦化」することになった。会社で働く夫を支え、主婦として家政一般を取り仕切るという役割分業が明確になったのである。これは、実際に、年齢別女子労働力率の曲線、すなわちM字の一番深い世代が一九四六〜一九五〇年生れという状況に明らかであり、「戦後、女性は家庭に入った[12]」と言われた。また、核家族化の進展、それにともなう共同体の衰退と共に、子育ての私事化が進み、同時に母親の孤立が深刻といわれるようになった。電化製品の充実によって、主婦の家事責任は軽くなっ

たが、それに対して、家庭内外で子育て要求の水準が高くなるほどに、主婦の育児責任はどんどん重くなるといった状況が現われた。

一九六三年七月には、中央児童福祉審議会「保育問題をこう考える」中間報告が発表され、両親による家庭保育、母親の保育専任と父親の協力義務など、家庭での保育原則が打ち出された。「保育七原則」中、第二原則では、母親が「保育適格者になるよう努力すること」が期待されている。一九六五年には、六三年答申を受けて、「保育所保育指針」が発表された。その内容は、集団保育に批判的で、ボウルヴィの「母性剥奪論」の影響を受け、「子どもは家庭で母親に育てられるもの」という国の家庭保育観が中心となった。

その頃、実際の子育て状況は大きな変化を迎えていた。一九五〇年代は、出生率初の低下期であり一家庭に子ども二人という画一化がスタートする。戦後はどの家庭も、子どもが二人前後の核家族が増え、均質化の一途をたどる。それに拍車をかけるように、一九六〇年代の子育てスローガンは「少ない子どもを良い子に育てる」(13)であった。子どもは少なく生んで、お金をかけ丁寧に育てることが一般化した。

子育てに投資できる中流以上の家庭も含めて、家庭における子育て機能が向上すればするほど、何らかの理由で子どもがメインストリームから外れた家庭にとっては、子育てに失敗したかのように親も子も追い詰められるような状況が生み出されるようになった。一九六五年以降、育児ノイローゼ型母子心中や母親蒸発が急増したことは、一章でもふれた通りである。

## (2) 母子保健サービスと母性意識

「診査」という言葉は法令から生まれた用語である。一九四七（昭和二二）年に制定された児童福祉法の保健所業務を規定する文言にある。

第一八条の三　保健所は、この法律の施行に関し、主として次の業務を行うものとする。
一　児童の保健について、正しい衛生知識の普及を図ること。
二　児童の健康相談に応じ、又は健康診査を行い、必要に応じ、保健指導を行うこと。

各自治体の保健所や保健センターでは、これを受け、一歳六か月児健康診査や三歳児健康診査を行っている。では、健康診査の「診査」とは、いったいどういう意味だろうか。

「診」も「査」も、双方の漢字はそれぞれに、病気を調べ診るという意味を持っている。すなわち「診査」とは、健康であるかを調べ診るということを意味する。戦後すぐに制定された児童福祉法に備えた、戦後体制の言葉ということができる。

母子保健現場では、一九四八（昭和二三）年保健所設置以来、妊産婦と乳幼児の健康指導に重点をおいてサービスを展開してきた。当初の課題は、乳児死亡率の減少であったのが、現在では障害児の早期発見と療育、「母性意識の喪失」などへと移り変わってきた。

母子保健の分野では、母子保健法が規定する、保健所による母子保健の知識の普及（九条）、保健指導（一〇条）、新生児の訪問指導（一一条）、健康審査（一二・一三条）を通じて発見されたハイリスク家族に対する訪問指導（一七・一九条）がある。(14) 具体的には、保健師業務として、健診（問診、身体

測定、診察補助、歯磨き指導補助、栄養相談）家庭訪問、予防接種、各種教室の企画・運営などである。

近年、児童虐待の通報に対しても、母子保健現場は機能し始めている。たとえば大阪府では、堺市が、「保健婦とチームを組み家族支援。援助メニューを保健婦が家庭に入って母親と一緒に行なうことで信頼関係をつくり、地域ボランティアにつなぐ。父親の認識を高め、家族としてバランスをとり、地域ともつながっていくのを確認[15]」といった取組みを行っている。また、泉大津市では、児童虐待のネットワークに保健所も参加し、母子保健事業で電話相談などを、富田林市では、虐待防止協会と保健所が中心で、親のグループ治療（親同士が経験を話合い、解決能力を高め、虐待の再発を防止）に取り組み始めている。

これら新しいシステムを支える保健所で働く保健師からは次のような声がある[16]。

Q．保健師さんたちが知らない間に持ってしまっているような考え方、たとえば「子育てはやっぱりお母さん。お母さんは愛情たっぷりでないと」というようなことについて気づくことはないでしょうか？

A．子育ては、お母さんと言うストレートな考え方は、していないと思います。しかし、実際子育てしているのは、母親が最も多く、子どもになんらかの問題点を見出したときは、まず、母子関係はどうだろうか、と言う目で見ています。その上で、フォローのあり方を考えていきます。母を支える父の姿が、あまり見えてこないのが実情です。

保健師として、「子どもの育ちに問題点がないか調べ診る」というのが彼らの仕事の特性でもある。

また、時間的にも質的にも、父があまり関わっていない子育てのために、母親中心指導があり、それがさらに母親への負担を高めている状況が見受けられる。

周産期死亡率の高かった時代の集団健診で異常をチェックする保健指導を引き継ぎ、戦後の母子保健体制は「出産のための保健」が重点であり、「子育て」の視点は現在ほど必要と考えられてこなかった。しかし、現在子育て中の親世代は、子育ての詳細を指導され、管理されてきた結果、自分自身の子育てに対する融通がきかない状況に陥っている。そこには、育児水準の上昇とそれに伴う育児知識のエスカレートした要求がある。水準に満たないと大変なことになるという、子育てに対する不安は、専門家やメディアから絶え間なく届けられる情報によりかき立てられる。現在の子育て領域への緊張の背景要因として、子育てへの社会的な要求の高まりと、それに従属するように子育てに対する不安の高まりがある。

### (3)　衛生概念と指導の親和性

親子関係がうまくいっていないと見なされる家庭を、保健師たちは訪問することがある。保健師教育領域について注目してみると、一九九四年頃からその内容が変化している。それは、「公衆衛生」から「地域看護」への移り変わりである。これは、若年層から高齢者層への人口動態の変容とともに戦後の国家的課題として継続してきた効率的ケアとしての「衛生」キャンペーンに取って代わって、高齢化と個人化にともなう個別ケアが必要とされてきたことを意味する。しかし、一般の母子保健現

場では、伝統的な医学サイドの意識が支配しており、まだまだ「衛生」概念がその主役を占めている。

一九九九年に世に出た林道義の『母性の復権』は、失われた母性を母親たちは取り戻そうという主張であった。本書の出版後すぐから、「母性」をめぐる論議が一段と活発になった。林は、次のようにいう。

「たとえば子どもが自分で髪を洗えるようになるのは、だいたい小学校三年生くらいであるが、それ以前に自分でやらせる母親がいる。しかしカタチだけは洗っても、洗い残しがあるなど不完全なので、しらみが湧いて、保育所でみんなに移ってしまったというケースもある。[17]」

林は、子どもの生活自立を、失敗しながら獲得してゆくという思想として理解するのではなく、衛生概念を中心にとらえていることが分かる。

「衛生」概念[18]は「指導」と結びつきやすい考え方である。そのため、健診場面における、疎外感の強い母親の受容や援助関係づくりなどにはプラスに働きにくい。「衛生」と「指導」も、近代の概念として、私たちの暮らしを合理的に整えてきた。しかし、まず「欠如ありき」が「指導」の前提である。そのために、親たちの不安や努力を承認するいとまもなく、まず「指導」が前提とみなされている場で、当事者が打ち解けて心を開けることは難しい。たとえ、保健師たちがどれだけ受容的であろうとも、システムにおける保健師役割を通しての限界がある。

## 3　システムにおける診断と指導——大阪市質問票より

次に、母子保健のメイン業務のひとつである、母親や子どもと実際にかかわる場である健康診断に関して考えてみよう。一歳六ヶ月児や三歳児健診時に、親が記入し持参する「健康診査質問票」を見てみると、次のようになっている。

東京都では、児童虐待予防活動展開のためのスクリーニングシートを開発した。家族背景、親の被虐待歴、母親の育児力、家庭基盤の脆弱性、親準備性、親子の愛着形成阻害の有無、子どもの健康状態等を健診対象の親にアンケート調査するという。このアンケートに関しては、次のような期待がある。

「これまでは子どもの発達面だけに重きを置いたアンケートでしたので、親は自分の気持ちや相談を出来ていなかったと思われます。このようなスクリーニングシートを用いることによって、より総合的に判断することができ、援助を求めている家族を発見し対応していくことができます。[19]」

また、大阪市の質問票では、虐待家庭やその予備軍を早期発見しようと、新項目「子育てについてお書きください」が二〇〇一年六月より新しく取り入れられた。

七項目が、一歳六ヶ月児健康診査質問票に加えられている。三歳児健康診査質問票には、さらに五

## 質問調査表

てお持ちください。健診日に来られない場合は、保健センターまで郵送してください。

| | 幼児氏名 | H　年　月　日生 | 満　歳　月 | 第　子 | 性別 男・女 |
|---|---|---|---|---|---|

**に病気はありますか。**
ある〔お子さんからみて　父・母・兄姉・弟妹・その他〔　〕

**養についてお書きください。**
の回数　：1日　回
事の量　：適量・多い・少ない
のかたより　：なし・わからない・あり〔嫌いなもの　〕
食べるおやつ：〔　〕

**中のことについてお書きください。**
飲んでいる飲み物は何ですか。　：水・お茶・牛乳・スポーツドリンク・ジュース・乳酸菌飲料
（おやつ）の時間を決めていますか。　：決めている　・決めていない
者による歯の清掃をしていますか。　：している　・していない
ゃぶりなどのくせはありますか。　：ない　・ある
医にかかったことがありますか。　：ある　・ない
歯はありますか。　：ないと思う　・少し　・多い　・わからない
らびについてはどうですか。　：よいと思う　・悪いと思う　・わからない
でフッ素の塗布をしたことがありますか。：ある〔　回〕・ない
の健診時にフッ素の塗布を希望しますか。：希望する　・希望しない

**の成長のようすについてお書きください。**
始めたのは　：1歳前・1～2歳・2歳以降・その他〔　〕
めての言葉は　：1歳前・1～2歳・2歳以降・その他〔　〕
を話し始めたのは：2歳前・2～3歳・3歳以降・その他〔　〕
抗期は　：3歳前・3歳以降・その他〔　〕

**に、次のようなことはありますか。**
着きがなく、動き回る。　はい・わからない・いいえ
が集中しない。　はい・わからない・いいえ
（目と目）があわない。　はい・わからない・いいえ
の動きが気になる。　はい・わからない・いいえ

**に、次のような言葉の心配ごとはありますか。**
んど何も話せない。　はい・わからない・いいえ
がつながらない。　はい・わからない・いいえ
だん話せなくなった。　はい・わからない・いいえ
言っているのか他人にわかりにくい。　はい・わからない・いいえ
につまる。　はい・わからない・いいえ
ゃん言葉が多い。　はい・わからない・いいえ

**に、友達との遊びで次のような心配ごとはありますか。**
遊びが多い。　はい・わからない・いいえ
に入れない。　はい・わからない・いいえ

**と、困っていること、相談ごとがありましたら、お書きください。**

す。お気軽にご利用ください。　※うらの質問も忘れず記入してください。　平成13年6月

## 資料　3歳児健康

3歳児健康診査にお越しの時に、下記の質問にあてはまるものに○印と〔　〕内に記入し

| 3　歳　児<br>健康診査質問票 | 現住所　　　TEL（　　）－<br>　　　　　　区 |
|---|---|

**お子さんのこれまでの病気などについてお書きください。**

①今までに、お子さんがかかった病気はありますか。
　はしか・風疹・水痘・おたふくかぜ・百日咳・中耳炎・川崎病・肺炎
　ぜん息性気管支炎・ぜん息・尿路感染症・ひきつけ
　その他〔　　　　〕

②現在、治療を行なっている病気がありますか。
　なし・あり〔　　　　〕

③今までに、治療を必要とした外傷（けがなど）がありましたか。
　なし・あり〔やけど・けが・誤飲・骨折・事故・その他〔　　　　〕

④最後のツベルクリン反応はどうでしたか。
　陰性・陽性・受けていない

⑤今までに、受けた予防接種に○印をつけてください。
　BCG・はしか・風疹・日本脳炎・その他〔　　　　〕
　ポリオ生ワクチン　〔終了・途中〕
　三種混合（百日咳・ジフテリア・破傷風）〔終了・途中〕

**お子さんのしつけについてお書きください。**

①睡眠時間は充分ですか。　はい・いいえ〔夜が遅い・朝が遅い〕・わからない
②寝つきはいいですか。　はい・いいえ〔寝ぼける・おびえる〕・わからない
③おむつはとれていますか。　はい・いいえ〔昼のみ・夜のみ〕・わからない
④おねしょはありますか。　はい〔毎日・時々〕・いいえ・わからない
⑤昼間のおもらしはありますか。　はい〔毎日・時々〕・いいえ・わからない
⑥うんちの失敗はありますか。　はい〔毎日・時々〕・いいえ・わからない

**子育てについてお書きください。**

①お子さんの世話をしている人はどなたですか。
　昼間（お子さんの　父・母・祖父母・保育所など・その他〔　　　　〕
　夜（お子さんの　父・母・祖父母・保育所など・その他〔　　　　〕

②お子さんのようすはどうですか。
　手がかかる・手がかからない・いつも心配・その他〔　　　　〕

③どんなふうにお子さんと接していますか。
　よくかまっている・あまりかまっていない・ふつう・その他〔　　　　〕

④子育てはどのように感じますか。（いくつでも選んでください。）
　楽しい・たいへん・イライラする・不安が多い・その他〔　　　　〕

⑤子育てに協力してくれる人や相談できる人はいますか。
　なし・あり〔　　　　〕

⑥子育てで困っていることはありますか。
　なし・あり　家族〔　　　〕の病気や健康・離婚・生活上の心配・環境上の変化
　　　　　　　その他〔　　　　〕

⑦お子さんのしぐさで気になることがありますか。（いくつでも選んでください。）
　なし・わからない・あり　指しゃぶり・睡眠中に泣きだして起きる・爪をかむ
　　　　　　　　　　　　　周囲に関心を示さない・性器いじり・おとなしすぎる
　　　　　　　　　　　　　かんが強い
　　　　　　　　　　　　　その他〔　　　　〕

⑧お子さんがよく遊ぶ場所がありますか。はい・わからない・いいえ

⑨お子さんとよく遊ぶ友達はいますか。　はい・わからない・いいえ

⑩家の中でどんな遊びをしますか。
　〔　　　　〕

⑪家の外でどんな遊びをしますか。
　〔　　　　〕

⑫子育ての中で気をつけていることがありますか。
　〔　　　　〕

家族の方
　ない・

現在の栄
　①食事
　②食
　③食事
　④よく

歯や口の
　①よく
　②間食
　③保護
　④指し
　⑤歯科
　⑥むし
　⑦歯な
　⑧今ま
　⑨今回

お子さん
　①歩き
　②はじ
　③文章
　④反

お子さん
　①落ち
　②注意
　③視線
　④手先

お子さん
　①ほと
　②言葉
　③だん
　④何を
　⑤言葉
　⑥赤ち

お子さん
　①一人
　②遊び

心配なこ

保健センターでは、健診以外の時にもお子さんや子育てのことについて相談を行なっていま

子育てについてお書きください。
① お子さんの世話をしている人はどなたですか。
昼間（お子さんの　父・母・祖父母・保育所など・その他）
夜　（お子さんの　父・母・祖父母・保育所など・その他）
② お子さんのようすはどうですか。
手がかかる・手がかからない・いつも心配・その他
③ どんなふうにお子さんと接していますか。
よくかまっている・あまりかまっていない・ふつう・その他
④ 子育てはどのように感じますか。
楽しい・たいへん・イライラする・不安が多い・その他
⑤ 子育てに協力してくれる人や相談できる人はいますか。
なし・あり
⑥ 子育てで困っていることはありますか。
なし・あり（家族の病気や健康・離婚・生活上の心配・環境上の変化・その他）
⑦ お子さんのしぐさで気になることがありますか。
なし・わからない・あり（かんが強い・睡眠中に泣きだして起きる・おとなしすぎる・周囲に関心を示さない・指しゃぶり・性器いじり・その他）

資料「１歳６か月児健康診査質問票」（大阪市）より。

つの問いが加わり、子どもの遊び方について訊いている。

しかし、ここで私たちは、アンケートのもつ両義性に注意しなければならない。アンケートは、「問われる」という経験を通して以後、今まで興味のなかった事柄に対して意識を向けさせるという効果がある。親たちは子育てについての質問にチェックを入れながら、より詳細に自分の子育てを問われているように感じるであろう。

筆者は、一九九三年四月から九七年三月までの四年間、大阪市の保健所で一歳六ヵ月児健診の発達相談を担当した。最も多くみられた相談内容は、「将来歩いたり、話したりできないのではないか」と「自分の関わり方がこれでいいのか」であった。不安要因としては、周りの人の不適切な介入、

他児との比較によるストレス、高齢出産による子育て仲間からの孤立などであった。

　健診現場において、多くの母親は、自分の子どもの色々な能力や状況を診断され、それに関する助言指導を経て、自分の子育て自体が「診査」される心理状況になる。その場は、親たちが日頃感じている素朴な心配事を相談する環境としては、不適切な状況になっているのである。

　このように考えてみると、母子保健サービスにおける専門家たちの資質という問題よりも、診査という思想、それに基づく「指導」、またアンケートや集団検診のあり方といったシステム上の問題点が指摘できる。診査とは、それにより、たとえ問題が発見されなかったとしても不安を新しくつくり出し続ける装置であり、社会に拡げるその影響は、私たちの想像を遥かに超えている。

## 4　結　び

　本章では、現在の困難に見える子育て状況に対する、母子保健サービスの機能を描き出し、現在のシステムが解決策として位置づくのかという点について考えてきた。

そこで、現在の母子保健を支える考え方の限界が指摘できる。健診に流れる思想は「診査」がまずありきであり、多様な子育てへの「理解」とは大変両立しにくい。

　親子関係は、ひとつの人間関係である。「親は子に愛も憎悪も持ちうる。あらゆる人間関係がそうであるように、親子関係も時間をかけてつちかわれていくものであり、アンビヴァレントで揺れてい

るもの」[20]である。また、その関係そのものが環境によって大きく左右される。私たちの社会は、これからますます多様な家族を「診査」してゆくのか、それとも受容していくことができるようになるのだろうか。現実の親子関係は矛盾や葛藤に満ちており、ネガティヴに見えることも母性のもう一方の側面である。しかしながら、いろんなカタチの親子・家庭を社会が断じてしまうことからより自由になることが求められている。さもなければ、私たちは、私たち自身を診査し、裁き、その精神的な緊張に耐えられなくなってゆくだろう。

（１）佐竹一予「女性が加害者になるとき」子どもの虐待防止ネットワーク・あいち編『見えなかった死』キャプナ出版、一九九八年、一六〇頁。
（２）川名紀美「子ども虐待の今日的背景」藤崎宏子『親と子――交錯するライフコース』ミネルヴァ書房、二〇〇〇年、一四一頁。
（３）辻野恵子「孤立する母親をささえる――「水面下の子ども虐待」に触れて――」『季刊子どもの権利条約』第八号、二〇〇〇年二一頁。
（４）滝川一廣『「こころ」はどこで壊れるか――精神医療の虚像と実像』洋泉社、二〇〇一年、一三〇頁。
（５）「保健婦助産婦看護婦法の一部を改正する法律」（平成十四年三月一日施行）により「保健婦助産婦看護婦法（昭和二三年）の題名が「保健師助産師看護師法」に改められた。そこで、従来の「保健婦」を「保健師」として記す。
（６）服部範子「エレン＝ケイの母性主義思想」家族社会学セミナー編『家族社会学研究　第二号』一九九〇年。
（７）『日本女性学研究創刊号　特集・いま母性を考える』日本女性学研究会教育者会議、一九八一年。天野正子

『転換期の女性と職業』学文社、一九八二年。布施晶子『新しい家族の創造』青木書店、一九八四年。岩男寿美子・杉山明子編『働く母親の時代』日本放送出版協会、一九八四年。女性学研究会編『講座女性学一－四』勁草書房、一九八四－一九八七年。『女性学年報六　母性特集』日本女性学研究会女性学年報編集委員会、一九八五年。桜井絹江『母性保護運動史』ドメス出版、一九八七年。大林美智子『助産婦の戦後』勁草書房、一九八九年。小嶋秀夫・大日向雅美編『こころの科学三〇　母性』日本評論社、一九九〇年。グループ「母性」解読講座編『「母性」を解読する』有斐閣、一九九一年など。

(8) E・バタンテール、鈴木晶訳『母性という神話』筑摩書房、一九九一年。

(9) 金井雅子「子どもを「いじめる子」にしない家庭とは」『児童心理一〇月号臨時増刊六六七――いじめない子いじめられない子』金子書房、一九九六年。

(10) 原ひろこ・舘かおる編『母性から次世代育成力へ』新曜社、一九九一年、viii。

(11) 菅原ますみ（家族地域研究室室長・国立精神・神経センター精神保健研究所）八四年～八六年までに出産した一二六〇組の母子の追跡調査。生後六ヶ月、一八ヶ月、五歳、八歳、一〇歳、一四歳まで。六ヶ月、一八ヶ月、五歳では、母親が働いていたグループの方が問題行動は少なかった。八歳以上は差がなかった。

(12) 落合恵美子『二一世紀家族へ――家族の戦後体制の見かた・超えかた』有斐閣、一九九七年、一九頁。

(13) 横山浩司『子育ての社会史』勁草書房、一九八六年。

(14) 金本由利恵「母子保健サービスの役割」斉藤学編『児童虐待［危機介入編］』金剛出版、一九九四年。

(15) 山野則子「家庭児童相談室の現場から」『世界の児童と母性』Vol.四六、資生堂社会福祉事業財団、一九九九年、一四～一五頁。

(16) 保健師Sさんからのメール――二〇〇一・七・二四。

(17) 林道義『母性の復権』中公新書、一九九九年、一二八頁。

(18)「衛生」と「教育」は、近代社会がその内側まで踏み込んで人間を管理する中心的な制度。母親は家庭における「病気予防者」としての役割が要求された（ドンズロ『家族に介入する社会』宇波彰訳、新曜社、一九九一年、二〇頁）。

(19) 徳永雅子「保健所――心の危機を受けとめて」喜多明人・吉田恒雄ら編『子どもオンブズパーソン』日本評論社、二〇〇一年一五一頁。

(20) 舩橋恵子「『母性』概念の再検討」舩橋恵子・堤マサエ、『母性の社会学』サイエンス社、一九九二年、一三頁。

# 第四章　家庭教育か、学校教育か
## ――家庭教育の中の公共性――

戦後、家庭教育のあり方についての認識は、急速に形づくられた。その中で、一般に私教育とみなされる家庭教育と、公教育とみなされる学校教育の関係に注目し、それらの関係がいかに語られてきたかを検討する。その上で、学校と家庭の相補関係を支える「共通の関心事」としての「公共性」が必然的に何を生み出すかを取り上げ、家庭という領域から戦後教育の構造に立ち入ることが本章の意図するところである。

現代は、情報が氾濫し、家族は近隣や親族から孤立しがちであるため、近代日本の歴史の中で、子育ては一番大変な時代に入ったといわれる。では、実際のところ、家庭における子育てのどのあたりが悩ましいのか、そしてそこにはどういう理由と背景があるのか、現代の子育て＝家庭教育という領域を考えたい。

## 1　国家と家庭が結んだ関係

子どもと親が仲良く食卓を囲んで団欒を楽しむ。こんなイメージを私たちは家庭にもっている。家庭とはそういうものであり、そうでない家庭は問題のある家庭とみなされる。こうした家庭イメージは、第一次世界大戦後、新しい都市文化、消費文化を担う場として本格的に定着し、今日に至っている。

教育改革国民会議は最終報告（二〇〇〇年一二月二二日）で教育基本法改正の視点として「家庭教育」を盛り込んだ。「新しい時代における学校教育の役割、家庭教育の重要性、学校、家庭、地域社会の連携の明確化を考慮することが必要である。第二は、伝統、文化など時代に継承すべきものを尊重し、発展させていくことである。この観点からは、自然、伝統、文化の尊重、そして家庭、郷土、国家などの視点が必要」と家庭教育の重要性が述べられ、家庭という視点が強調された。

これは「日本人としての倫理の源泉」となるべきだから、その趣旨で家庭教育を行い、徳目と日本人としての伝統を大切にするようという教育基本法改正の議論にも共通するものである。[1] それでは、ここにきて、どうして家庭教育が注目されるようになったのであろうか。これまで家庭教育をめぐって、国家と家庭はいったいどのような関係を切り結んできたのか。「家」は日本の社会構造や価値体系と深く関わっている歴史的な社会制度である。まず、家という制度はどのような構造をもち、その

内部にどのような論理を抱え込んできたのであろうか。

庶民の世界に武家の伝統を持ち込み、「家」制度を確立したのは、一八九八（明治三一）年の帝国民法である。それまでの家父長制的な「家」という概念が法律によって再編成され、その強化がはかられたのだ。家制度が前近代的なものどころか、きわめて近代的な発明品であるという史実にはあらためて驚かされる。

幕末から明治にかけては伝統的な村落共同体の解体期であった。共同体機能が弱まるにつれて「家」は力をつけ、「家」どうしの壁も厚くなった。家制度における人間関係は、家父長中心、親子関係優先の儒教倫理に貫徹され、天皇制国家の枠組にはめられたものとなった。

すなわち、「家」は、日本古来の「伝統」などではありえない。むしろ、家制度とそれを支えた思想は、庶民的伝統である、互いに乏しきを分かちあうという共生思想を滅ぼすことに力を尽くし、共同体の解体を促したのである。

儒教倫理に貫かれた明治の日本は、プロテスタンティズムと資本主義の論理と同様に、産業社会の論理を受け入れやすい土壌にあった。明治民法に規定された家は近代化に馴染みやすかったのである。なぜならば、明治期における「家」は、共同体・親族の規制から自由であるという意味においては、まさしく深い家族員の情緒的結合をもつ「近代家族」であった。「家」では、その存続のために子どもの教育が注目され、そのメカニズムは「家」が産業化を推進する力となった。

家制度の成立後すぐ、後を追うように、家庭イメージが広まっていく。

国民という共同体を作り上げるためには、各々の「家」の論理に基づいて存在する個別性を否定しなければならなかった。また、均質的で国家の直接の構成員となりうる個人をつくらねばならず、そのために要請されたのが新しい家族形態としての「家庭」である。しかし、家庭けそうした国家の側からだけの創造物ではなく国家と民衆が共に工夫をこらしてつくり上げた近代国民国家の装置といわれる。

第一次世界大戦後、政府は社会教育を通して家庭こそが新しい家族のあり方であると啓蒙活動を展開した。この時期、日本資本主義の確立期に至って、家観念から抜け出た家族の市民化現象が起こった。「家庭」と「市民」はセットでその姿を現したのである。そして、家庭は近代化とナショナリズムの成長に深く関わってゆくことになる。近代化と産業化の要請に応えるよう「家」の論理が合理化され、家内的で穏和に規律化された「家庭」がその基盤に取って代わるようになるのである。(4)

公教育制度の成立は子どもの社会化のありようを一変させ、子どもは次第に学校に囲い込まれていった。それにともない家庭内でも意図的に教育を行うべきだという、いわば家庭教育概念の意識化が進行していった。

すでに都市部を中心に増加してきた新中間層の家族は「教育家族」ともいわれるように、子どもの教育に並々ならぬ関心を払っていた。新中間層の子どもたちは、継ぐべき家業も持たないがゆえに、学歴を通して自らの社会的地位を獲得しなければならず、親たちは子どもの教育に熱心にならざるをえなかったからである。

さらに、国家の側から家庭教育キャンペーンが展開された。一九三〇（昭和五）年、文部省訓令「家庭教育振興ニ関スル件」では、家庭教育を国運に関わる根幹と位置づけ、家庭教育の不振が国民を放縦に流した重要な原因であるととらえている。それゆえに、家庭教育の振興が必要とされた。家庭教育は、国家の視点でとらえられ、「問題」と認識されたからこそ、家庭教育の振興が政策として打ち出されたのであった。(5)

一九四五年の敗戦を契機に、憲法と民法が一新され、日本における家制度は建前としては解体された。新憲法では、個人の尊厳と男女の平等が基本とされた。これにより、封建的な家イデオロギーが否定され、男女平等、夫婦関係中心へと変わった。そこで、家庭における母親たちの立場は、跡継ぎの子どもの母から、愛の対象であるわが子の母へと変わった。

## 2　分かち難い学校教育と家庭教育

日本の幼児教育施設のスタートは、明治四（一八七一）年、横浜に混血児救済が目的の亜米利加婦人教授所が開設されたことによる。明治八（一八七五）年には京都府、柳池小学校に「幼稚遊嬉場」が設けられ、翌九（一八七六）年には、東京女子高等師範学校（お茶の水女子大）付属幼稚園が官立幼稚園として開設された。

幼稚園はその設立まもなくから「家庭教育ヲ補フ」存在と位置づけられてきた。(6)

東京女子高等師範付属幼稚園主事であった倉橋惣三（一八八二―一九五五）が『教育学辞典』（一九三九）「幼稚園」の項で次のように説明している。

「大正一五年四月二二日勅令第七四号を以て『幼稚園令』の公布を見るに至り、其の際の文部大臣の訓示と相俟つて、我国の幼稚園が教育制度の位置と職能とを確立した。其の第一条に示してある幼稚園の目的は次の如くである。『幼稚園ハ幼児ヲ保育シテ其ノ心身ヲ健全ニ発達セシメ善良ナル性質ヲ涵養シ家庭教育ヲ補フヲ以テ目的トス』。茲にいふ幼児とは満三歳より、尋常小学校就学の始期に達するまでのものをいひ、此の年齢を以て幼稚園年齢の本則とするが、特別の事情ある場合は三歳未満の幼児をも入園せしめることが出来る。これ幼児保護の趣旨に出づるものであつて、『幼稚園令』公布と共に発せられた文部大臣の訓令中に『殊ニ社会生活日ニ複雑ヲ加ヘ一家ノ事情意ヲ子女ノ教育ニ専ラニスルコト能ハサルモノ漸ク多カラシムトスル今日ニ在リテハ幼稚園ノ任務ハ益〻重要ノ度ヲ加ヘサルヲ得ス』といひ、又『父母共ニ労働ニ従事シ子女ニ対シテ家庭教育ヲ行フコト困難ナル者ノ多数居住セル地域ニ在リテハ此ノ如キ方面ニ普及発達セムコトヲ期セサルヘカラス』との注意を促している。即ち幼稚園の任務たる『家庭教育ヲ補フ』といふ意味は、純教育的に解さるゝと共に社会的意義を併せ具ふるものである。(7)」

「家庭教育ヲ補フ」のが幼稚園の任務であり、それは社会的意義も併せ持つという。家庭を教育の担い手としてパーフェクトと見なすことを前提として、その欠けた部分を補う意味で幼稚園教育が提唱されたのである。母親が主な担い手として期待される近代的な家庭教育概念が誕生したのは、一九

〇〇年頃のことである。間もなく、確固たる家庭教育がまだ確立していなかった時代に「家庭教育ヲ補フ」議論が成立したということは、理念的な部分で、家庭教育が意味づけられたと言える。まずは、家庭が子どもの教育を担うべきという近代的な理念が成立し、同時にその理念型である教育的にパーフェクトな家庭が、普通の家庭の姿であり一般的である、という前提が出来上がった。その上で、「家庭教育ヲ補フ」という「家庭教育の欠如」を意味する、現代の「家庭教育力の低下」に直結する考え方が成立したのである。(8)

戦後の新しい教育体制を方向づけた教育刷新委員会(9)のメンバーになった倉橋は、家庭教育に関して彼の持論がよく表れている意見を残している。一九四六年「家庭教育」について、委員会での議論を見ていこう。

「家庭教育を軽視し、多忙とか繁雑とか、色々なことに託して家庭教育の怠慢を平然とやって居る今日の国民に向って、甚だ教育基本の示し方に於て足りない、欠陥が起りはしないか、杞憂でありますがこういうことさえも考えるのであります(10)」

と、初めて作る教育基本法の中に家庭教育の条項を設けるべきと倉橋は述べる。

また、こういう。

「（今度の民法改正の結果）に依り日本の家庭の構成が、形態が非常に変わって来る、今迄の戸主権を本体とする家庭の、それが専ら力であった場合の家庭教育と、これからの家庭教育の指導に於ては、極めて必要なことではないかと思います。或亦仮に親がそういう自覚を持ち責任を感

じ、我が子の教育は他人様の御厄介にならぬ、自分の責任を痛感するというような心持を持ったとしても、国が教育的に家庭というものをどう作るように可能ならしめて行くかどうかということに依って、いろいろの困難が起るのであります」[11]。

倉橋は、家庭教育を完全無欠であるべきとみなしたところから議論をスタートさせ、当時の家庭の教育力の不十分さを嘆いている。もっと家庭はしっかりと「我が子の教育は他人様の御厄介にならぬ」ように責任を痛感するべきであるし、「国が教育的に家庭というものをどう作るように」させていくかという問題が重要だと考えている。倉橋の議論で見えてくるのは、国が家庭を教育的に整え、家庭は個々に力を尽くして家庭教育を行うという仕組みがイメージされていることである。

しかし、同じ委員である羽渓了諦《はだにりょうだい》から次のような説明がされる。「家庭教育というものは法律で以て命ずべきものでない、是は自然に成立ち得る一つの教育である。だからそういうものを法律を以てやれということを命ずることは要らないと強い反対も出ました。自然家庭教育の条項は設けないということに決定した訳であります。法律を以て命ずるということはおかしいということは倉橋さんも一つ御考を願いたいと思うのであります」[12]。そこで、倉橋の教育基本法に家庭教育の条項をという意見は却下された[13]。以後わが国で、現在の教育基本法改正論議で家庭教育の問題が取り上げられるまでは、家庭教育の法文化が論点とされた議論の経験はほとんどなかった。

さて今、長谷川裕は次のように問う。

「かの『認識枠組』（＝子どもの教育は、まずは学校と家庭と考える枠組）に沿って子どもの教育

を担い始めた第一次大戦後の新中間層の家族は、その時点で既にそのことに関わって何らかのムリを抱え込んではいなかったのか」[14]。

ここでは、二つのことが指摘されている。一つは、子どもの教育は学校と家庭だけで担えるものであろうかという点、二つ目は、新中間層の家族は、子どもの教育を担いはじめる時点で、何かムリを抱え込んでいたのではないかとする二点である。

この抱えていた「ムリ」とは、完全無欠な家庭を前提とする、子どもを家庭だけで育てることができるという、私たち社会の思い上がりではなかったか。それはいったい何を呼びこんだのであろうか。

もともと、家庭教育という概念そのものは、近代の学校教育が成立して初めて生まれてきたものである。かつての共同体や血縁に基づく大家族の下、子どもはその関係世界で、人生のさまざまな節目や労働や、生きるための知恵を学んでいた。その世界は、現在の家庭教育という関係性の少ない中で成立する概念とはなじまない。その意味では、家庭教育とは、学校という領域が明確になって以降、学校教育との分業・協業関係をはっきりさせるために創り出された領域的な概念と考えられる。

私達が、家庭教育について語る時、その言葉には「家庭学習」と「しつけ」の二つの意味が含まれている。明治期の家庭教育論の研究から、小山静子は次のようにいう[15]。明治三九年発刊の日本済美会編『家庭及教育』では、「学校は主として智的教育を為し、家庭は主として道徳的教育を施す」と知育と徳育という教育の相補性が指摘されている。ここでは、家庭教育は徳育＝しつけと理解されている。では、学習としつけ、学校教育と家庭教育の関係はどのように理解されてきたのであろうか。

堀尾輝久は、近代社会は自然権としての親権論から出発するが、「やがて、人権思想の徹底化として、子どもの権利の確認がなされるとき、親権は当然その義務性に強調点が移される」という[16]。さらに、教師の教育権と関わる公教育概念として、「教育の信託」論がある。これによれば、公教育は、教育上の親義務の共同化（私事の組織化）として構想され、学校は家庭教育の延長として、その補完・代替的機能をもつと考えられている。

それに対して、池田祥子は次のようにいう[17]。

「学校は知育の場、家庭はしつけの場、と近代的に整理された学校・家庭の領域区分にしても、家庭でのしつけ教育は、当然のことながらそれ独自の世界を持ちうるはずもなく、どこまでも学校教育を想定した上で、学校教育を円滑に進めさせていけるためのしつけ教育に他ならないのである。お行儀よく人の話が聞ける、時間を守ってできる、忘れ物をしない――ごくごく基本的と思われるこれらのしつけですら、すでに学校教育のための規範なのであり、家庭とは学校教育の要請を受け入れて当然、いや受け入れるべきもの、とすでにして想定されていることが分かるだろう」。

家庭でのしつけは学校教育の規範のためであり、家庭教育は学校教育を補完してきたという。さらに、「最近の学校の保護者会では、各教科の内容や進展が重要な懇談のテーマになったり、学校のテストの間違い直しが、家庭に持ち帰りの宿題となったりする。教科の勉強に関しては一切学校の教師の責任である、とかつては一応建て前としては掲げられていたはずの責任分担が、いまや公然と家庭、

ひいては個人の責任に転嫁されてしまっている」と述べる。教科学習に関してはかつては学校教育の責任であったものが、家庭教育に期待・依頼され、家庭教育は学校教育の補完となっているというのだ。

佐藤秀夫もまた、家庭教育と学校の関係性をめぐる立場として、現在の常識的意味での「家庭教育」は「家庭教育を学校教育の補助・準備として従属的に位置づける立場」に該当すると指摘している。[18]

さて、さらに、持田栄一と岡村達雄の議論がある。

持田は、「親の委託をうけて、そのような親の教育義務と権利の一部を教師が代行する。家庭教育の一部を学校教育が補う」[19]と、池田や佐藤とは逆に、私教育としての家庭教育の補完として公教育をとらえた。そういいつつも、次のように状況を説明した。

「家庭における教育は、『建前』としては、親の情愛による人間そのものの教育を追求しながらも、その実、マンパウワー（＝労働力商品）の形成に一翼を担わされているのである。（略）『近代』における『家庭教育中心主義』の建前にもかかわらず、実際には多くの家庭で家庭教育は崩壊し、教育は『学校教育』を主体としてすすめられることとなっている」[20]。

一方、岡村は、公教育を私教育の制約としてとらえ、次のように言う。

「『近代社会における市民個人の私事としての教育』といわれる場合、そこではいわば理念型の近代市民社会における『独立した市民諸個人が、両親の教育の自由のもとで行う家庭教育』が想定されており、それを近代私教育とみなしている。（略）このかぎりでは、持田公教育論は、市民

社会論的な教育観を批判しつつも、いまなおそれを一方では前提とした公教育論であるといえる」[21]。

この点に関して、嶺井正也は「『補完』であれ『制約』であれ、公教育と私教育の構造的関連をもっているとする点では同じである」と述べ、「岡村論は持田の『私事としての秩序』をより構造的に捉え返した」点がその違いであるという[22]。公教育と私教育のイニシアティヴ争いはさておき、問題は「私事としての秩序」をより構造的に捉えていくことだと焦点づけをしている。

家庭教育が学校教育を補完しているという池田と、学校教育が家庭教育を補完しているという持田に対して、次は、公教育と私教育の構造をどちらかの補完関係ではなく、相補関係とみる議論である。

渡邊洋子は、高度成長期の日本においては、家庭における「母親」の存在・役割を前提とする「教育の私事性」への志向が一般化したこと、「母親」の手による家庭教育が、労働力再生産を補完・強化する役割を期待されたことが顕著な社会動向であったという。「そこに介在したのは、『親が子どもによい教育を受けさせたかったら、（いい学校に通わせる必要がある。そのためには）まず母親が家にいて家庭教育をしっかり担うべきだ。それが子どものためだ』という考え方である。さらに、事態は、公教育と『学習塾』『家庭教師』などをも含む私教育が『母親』の『教育熱心さ』によって結合され、車の両輪のように子どもたちを『労働力商品』に仕立てていく機能を担うようになる[23]」。家庭教育が労働力再生産の補完を期待され、母親の教育熱心さが、家庭教育と学校教育を結合させたというのだ。

紹介してきた議論の整理を試みよう。

まず、幼稚園は「家庭教育ヲ補フ」存在と位置づけられ、堀尾論でも学校は家庭教育の延長と、家庭教育中心の考え方があった。それに対して、池田や佐藤のように、現在は家庭教育を学校教育の補助として位置づけられているとする議論があった。この対立は時代を映す鏡でもある政治的な議論なのであるが、子どもの教育の欠如を補うのは学校か家庭か、という論争に見えて、実は、子どもの教育の「責任」が重視されるようになったという点を明らかにしている。そこで、より注目が必要なのは、その責任が意味するところの、家庭も学校も結果的に支持し続けている思想ではないだろうか。それは、岡村のいう、持田公教育論が批判してきた「市民社会論的な教育観」であり、「欠如」から子どもを見る、近代個人の形成のあり方への問いというように思われる。

## 3　プライベート＝パブリック

現在、国家対市民社会の公私二元論をめぐって、それぞれの立場性を受けて激しい議論がある。そこでは、公と私の線をどこに引くかが論点の一つになり、線引きの場所をめぐるポリティックスが存在する。「プライベートなものが実はパブリックなものであって、ポリティカルなもの」という公私二元論を覆す視点に対して、「『公』に入らない『私』の部分は何が残るのか」と公私二元論の枠組みからものを考えてきた論者は混乱を隠せない[24]。

大正期に、「家」が「家庭」としてみなされるに従い、家庭はその私的領域としての色合いを濃く

してゆく。天皇制の元で、国家に直結していた「家」は「家庭」に化け、私的領域を確保し、その政治性から解放されたように思われてきた。では果たして、家庭は私的領域なのであろうか。

たとえば、中山道子は、『『家族対政治』というロック的な公私二元論の枠組みのフィクション性が、あまりにも広く暴露される状況が増えてきている」[25]と述べ、「政治の領域＝家族の領域」と言い切る[26]。

岡村達雄も、公私関係の区分け論を問題として、次のようにいう。

「資本制社会における公と私、公共性と私事性とは相補関係にあり、政治的国家と市民社会の分裂、相互浸透のもとで公私関係は二重化されているのであり、実体的、領域的、機能的にも截然と区分けしうるものではない。まさにそうした政治的区分を実態的区分であるかのように取り扱うところにイデオロギー性が働いている。もっともこうした概念の価値化は国民教育論による公共性論に特有なものであるとしても、それは『自由化』政策に対する批判的機能さえ果たすことなく、実際には現存する公教育体制を補強し補完していくものになっており、その点できわめて状況的なのである[27]」。

また、一貫して「私事としての教育の共同化」を課題として提案する持田栄一は次のようにいう。

「子どもの教育を親が『私』的にひとりでかかえこむ体制の底には、『家庭』こそがもっとも理想的な教育の場であり、親『個人』の力で子どもの幸福をまもっていけるという考え方が前提されている。しかし、家庭といえども社会から独立した『人間自由』の『砦』ではなく、資本主義社会の現実においては、そこにおける労働力再生産の一翼を担う社会制度であり、そこには、社

会の諸矛盾が集約的にもちこまれている。そして、そのような矛盾を解消していく仕事は親個人の力ではどうにもならない[28]」。

家庭は、プライベートな場ではありえず、現実にはパブリックが集約されているのである。今まで、公私二元論の立場から、行政対市民との間で奪い合いが行なわれるという構図は、極めて一般的に行なわれてきた。親の教育権論や国家の教育権論は、その典型的な形で争われてきた。しかしながら、実は、その対立もまた、線が引けなかったのではないだろうか。問題は、教育権の所在の議論ではなく、その奪い合いをしている教育の「あり方」ではなかったか。

公私二元論では、「公的領域」と「私的領域」という対比があって初めて、「公共」という観念が意味をもっと考えられてきた。公教育と私教育も同様に、どちらかメインなのかという問いの立て方が繰り返されてきた。そういう意味における公私二元論は、大変領域的な概念といえる。

今、公共性の問題を考えるとき、公か私かと二元論に陥ることなく、つまり公教育と私教育のどちらがイニシャティヴを取っているか、どちらが責任を取るかという問題の立て方ではなく、それらが結合され、いわば共犯関係として現在の教育状況が成立していることを把握しておきたい。その上で「私事としての秩序」、すなわち、家庭教育の立ち現われ方を構造的に捉える必要がある。そこで次に公共性がもつ一面としての「共通の関心事」という意味から、この学校と家庭の共犯関係について考えたい。

公共性論において、国家と市民社会とが、一種の拮抗の状態にある。しかし、これは国家と市民社会が相互排除の関係にあるということを必ずしも意味するのではなく、むしろ両者の関係には常に非連続と連続という相互関係がある。この理解を前提として、国家と市民社会が相互に影響しあい公共性を規定してゆく市民社会として家庭を位置づけたい。通常の人々が公共性を形成する政治体とは、まさに生活者たちが日常の暮らしと仕事を遂行するところの生活世界を土台にしているからである[29]。したがって、「公共性」の大枠の定義は、社会経済体制を存続させるため、市民社会からの必然として立ち現れるものととらえる。家庭教育は市民的公共性の一つの表現である。なぜならば、家庭教育を担うすべての家庭は、市場にその基盤をもつ市民であるからだ。

さて、公共性をめぐって注目したい問いは、「公共性の現実がどのような排除の力をもっているか[30]」である。公共性を考える上で、この問いを合わせて取り上げる必要があるというのは、斎藤純一である。

斎藤は、「公共性」を三つに大別できるのではないかという[31]。第一に、国家に関係する公的な(official)なもの、第二に、特定の誰かにではなく、すべての人びとに関係する共通のもの(common)、第三に、誰に対しても開かれている(open)という意味であると説明する。

ここでは、第二の意味に注目したい。斎藤は、第二の意味をさらに詳しく述べている。

「この意味での『公共性』は、共通の利益・財産、共通に妥当すべき規範、共通の関心事などを指す。公共の福祉、公益、公共の秩序、公共心などの言葉はこのカテゴリーに含まれる。」

そして、この意味での「公共性」は、「権利の制限や『受忍』を求める集合的な力、個性の伸長を押さえつける不特定多数の圧力といった意味合いも含む」という。

公共性には、共通の関心事といった性格があり、その多数性ゆえに、ひとり一人の権利の制限や忍耐を求める集合的な力、個性を押さえつける不特定多数の圧力といった意味もあり、そこに排除の力が立ち現われてくるのである。

現代の家庭や学校という現場の公共性はある側面で「排除の力」を備えてしまっている。なぜならば、この二つの現場は、近代個人という「強い個人づくり」という目的が集約されている場となっているからである。

## 4　個人主義が肥大させる権力

さて最後に、共通の関心事としての学校と家庭が共に担っている「強い個人づくり」という機能は、どういう責任分担の構図になっているのか。また、それは、どのような状況を招くのかということについて考えたい。

近代以降、社会が進歩していくということは子ども期というものを充分に保護し、彼らが成長していく条件を整えるべきだと考えられ制度が設けられてきた。子どもの育つ環境として家庭は一番重要な場となり、親は子どもに対して第一義的な責任があるという規範が確立したのである。

近代社会では、子育ては私事と理解されるようになった。私事としての子育てがいったいどういった状況を導くことになるのか。住友剛は次のように問題を整理する。

「親が『子どもの教育に対する第一義的な責任者』であるというたてまえから出発する『親の教育権』論は、『国民の教育権』論が教育自らの柔軟さを失わせてしまう方向に進んでしまったのと同様に、親が学校に対する自らの立場を過剰に硬直化させてしまったり、とうてい自分の立場では負うことができない責任を法的に負わされてしまったりする危険性をもつことになる。しかも、このような構図を創り上げることに一役買った教育行政当局の責任は、親側からも、教員側からも、親たちを中心とした『国民の教育要求』に基づいて施策を行なったということで、法的に問われることはまずないということになる。(32)」

近代に成立した「子どもの教育に対する第一義的な責任者」である親は、親族ネットワークや共同体の子育て機能が失われる中で、二番、三番手のない断然トップの一位責任者として存在する。さらに、教育行政は、無傷で教育をコントロールする状況を手に入れることとなる。

私たちの社会は、「強い個人づくり」を学校と家庭という現場を通して止められずにいる。相補関係としての学校と家庭の「共通の関心事」である「強い個人づくり」という目的は、それが実は社会の価値観であり、責任であるにもかかわらず、家庭の責任という矮小化された形で、現代の教育状況の構図が成立している。「第一義的な責任者である」親が、子どもたちをめぐるすべての責任を取るというシステムとして総括されようとしている。

行政権力の拡大を保障するイデオロギー状況が家庭教育をめぐる構図の中に存在する。教育行政当局は、親を中心とした「国民の教育要求」に基づいて施策を行ったということで、法的に問われることはなく、教育行政が意図的に構築したわけではないにもかかわらず、実態的に権力が集ってしまう構造になっている。

散乱して自治的能力を失った「国民要求」が行政権力を拡大させていく。些末な事柄に行政が応えなければならない状況は、市民の「権利」が保障されているということでもある。その市民社会の要求により、国家は押し流されながら対応していくという関係に注意を払う必要がある。

ここで見えてきた構図は、社会権としての市民社会の「権利」が保障されればされるほど、行政権力が増大するというしくみである。加えて、権利を主張すればするほど、社会は個人の責任論に近づくといった構造が、浮かび上がってくる。

さて、私達が行なう家庭教育、その中の公共性は、自己責任に帰結する生き方を再生産し、次代にバトンタッチしつつある。

## 5　結　び

まず、「家庭」が姿を現したのは「市民」概念と同時期であったことに触れ、家庭教育が近年注目を浴びるようになってきた経緯、政策の家庭教育への強調を跡づけた。家庭は実は私的領域ではあり

えず、そこには社会の諸矛盾が集まっていること、すなわち、家庭教育は、近代では私事として観念され位置づけられているが、本質的には限りなく公共性を担うものと考えられる。また、学校と家庭のどちらが教育のメインであるかという議論には、それらが共犯関係で近代個人という「強い個人づくり」を目指していることを論じてきた。言い換えれば、「共通の関心事」としての公共性という位置づけから家庭教育について考えてきた。

意識的にもまた無意識の上でも普通、家庭が行なう教育の原理は「強い個人づくり」となっている。強い個人とは何か。それは、自分自身の能力を頼みに生きていくという考え方に関わる。この原理に基づいた人間形成が、一般的な家庭教育の中心となっている。

自己主張、自己決定、自己責任は、人びとの関係性に支えられる限り、とても大切な方法ではあるが、それらの方法が関係性の基盤無しに、一人歩きしている。ひとりでできることを基本とし、さらにそのできる能力を自分自身のためにだけ使うことが中心となる現在の状況は、「強い個人づくり」を目指している。近代社会で、とりわけ教育の原理は、人間形成の前提である、互いに補い合う人間関係を重視することなく、個だけの育ちに力を注いで展開してきた。

今までみてきたように、現在の家庭教育という行為は、社会に排除の力を育てるという公共性の性格を発揮しがちなのである。そして、それは、家庭内で完結する家庭教育の限界ともいえる。その排除の力に気づくということは、市民のエゴイズムの多様な噴出に自覚的になることであり、その止揚の展望をもつ、まずは第一歩でもある。

（1）これに対して、伝統を重視するという明治国家体制のイデオロギーを引き継いでいるとみることもできる。しかしながら、その「伝統」も、後述するように、実は明治になって確立された「新しい伝統」である。
（2）「家」という概念がはっきり出てきたのは、江戸中期のことで、「家」概念が確立するのは江戸末期から明治にかけてである。（中根千枝「『家』の構造――社会人類学的分析――」、『家』東京大学出版会、一九六八年、三～一七頁。）
（3）伊藤幹治『家族国家観の人類学』ミネルヴァ書房、一九八二年、一二頁。
（4）牟田和恵『戦略としての家族』新曜社、一九九六年、一〇八頁。
（5）小山静子『家庭の生成と女性の国民化』勁草書房、一九九九年、二三一頁。
（6）一九四七（昭和二二）年の学校教育法により初めて学校教育体系に位置づけられた幼稚園は、同時に、その目的規定（第七七条）から「家庭教育を補う」という文言が削除された。
（7）城戸幡太郎編『教育学辞典　第四巻』岩波書店、昭和一四（一九三九）年、二三一八頁。
（8）一方で、保育所は「保育に欠ける児童」の保育を行う場と定められている。戦後、子どもの集団保育の重要性という理想のもと生まれ変わった保育所だったが、一九五一（昭和二六）年に「児童福祉法」第三九条の改正により、保育所に入所できるのは、「保育に欠ける」子どものみとされた。この時期、増大する保育ニーズに応えられず、入所者を絞る必要が出てきたからである。伊藤祥子は、幼稚園と保育所の関係は、社会全体の二本立てであり、そこにこそ教育と福祉の二元化という問題性が表れているという（伊藤祥子、「『学校論』への問題提起――いわゆる『保育一元化』論批判」持田栄一編『教育変革への視座』田畑書店、一九七三年、一七九頁）。
（9）教育刷新委員会とは、一九四六年三月のＧＨＱによって招かれたアメリカ教育使節団に呼応して作られた日本側の教育家委員会に端を発している。ここでは、教育基本法の審議など、新教育推進にあたった。
（10）「教育刷新委員会第一三回総会議事録速記録（家庭教育、教員の身分など）一九四六年一一月二九日。

(11)「教育刷新委員会第三回総会議事録速記録（教育の基本理念など）一九四六年九月二〇日。
(12)「教育刷新委員会第一三回総会議事録速記録（家庭教育、教員の身分など）一九四六年一一月二九日。
(13) 家庭教育は単独では規定されなかったが、教育基本法第七条第一項で、きわめて抑制的な形では表現されている。「家庭教育及び勤労の場所その他社会において行われる教育は、国及び地方公共団体によって奨励されなければならない」。
(14) 長谷川裕「書評」日本教育社会学会編『教育社会学研究』第七三集、二〇〇三年、八九〜九一頁。
(15) 小山静子『子どもたちの近代』吉川弘文館、二〇〇二年、一三五頁。
(16) 堀尾輝久『現代教育の思想と構造』岩波書店同時代ライブラリー、一九九二年（原著一九七一年）、二〇〇頁。
(17) 池田祥子「学校にからむ家族の問題」岡村達雄編『現代の教育理論』社会評論社、一九八八年、一〇七〜一〇八頁。
(18) 佐藤秀夫『学校ことはじめ事典』小学館、一九八七年、一三〇頁。
(19) 持田栄一、「教育の現代的位相――批判教育計画への展望――」持田栄一編『教育変革への視座』田畑書店、一九七三年、六四頁。
(20) 同前、八〇頁。
(21) 岡村達雄「公教育と国家」『講座　公教育体系　一　公教育の理論』教育開発研究所、一九八五年、五五頁。
(22) 嶺井正也「公教育論の現在と課題」嶺井正也編『教育理論の継承と発展――海老原教育学の地平をふまえて――』アドバンテージサーバー、二〇〇一年、一二五〜一二六頁。
(23) 渡邊洋子「ジェンダー視点からみた海老原教育学の可能性」嶺井正也編、前掲書、一四二頁。
(24) 佐々木毅・金秦昌『国家と人間と公共性　公共哲学五』東京大学出版会、二〇〇二年、一〇一〜一一三頁。

(25) 中山道子「セックス」佐々木毅・金秦昌、前掲書、九七頁。
(26) 同前、八九頁。
(27) 岡村達雄「自由と共生の現在をめぐって」『学校という交差点』インパクト出版、一九九四年、一六〜一七頁。
(28) 持田栄一、前掲書、六六頁。
(29) 千葉眞「市民社会・市民・公共性」『国家と人間と公共性　公共哲学五』東京大学出版会、二〇〇二年、一二二頁。
(30) 斎藤純一『公共性』岩波書店、二〇〇〇年、viii頁。
(31) 同上、ix頁。
(32) 住友剛「子どもは人質か」中島勝住『学校の境界』阿吽社、二〇〇三年、一五六頁。

# 第2部　市民社会の子育て——権利論と自己責任の関連

# 第五章　近代的家庭観と子どもの権利

本章では、子どもの権利思想が、子どもには何よりも家庭的な愛情が必要という近代的な家庭観に支えられて、成立してゆくプロセスを概観したい。

## 1　子どもの権利思想の登場

子どもの権利は労働者の権利や女性の権利などとは違い、子ども自身が獲得してきたものではない。むしろ歴史の流れにしたがい、社会に写し出されるようになってきたものである。この「権利」という考え方は、国家の近代化にともなう人間関係の再編により発展してきた。そして、子どもの権利もまた例外ではない。

子どもの権利をめぐる議論は、子どもと親の関係をめぐって始まった。「子は父に服従する義務があり、子は権利をもたない(1)」。ホッブス（Thomas Hobbes; 一五八八－一六七九）『リヴァイアサン』（一六五一年）に代表されるように、近代以前には子どもが権利を持っているという考え方は容認されて

いなかった。

フランス革命直前に思想家たちは、今まで重視されていなかった子ども期に注目し始め、それは「子どもの発見」と言われ、子どもの権利をめぐる議論のさきがけとなった。

たとえば、ジョン・ロック（John Locke; 一六三二－一七〇四）は『市民政府論』（一六九〇年）で、子どもは「みずから独立できるまでは、彼ら夫婦によって養育される権利をもっている」と述べた。この「養育」は「教育」と同義語である。

ロックの親子関係論に影響を及ぼしたサムエル・プーフェンドルフ（Samuel Pufendorf）は『自然法と万民法』（一六七二年）で、「子はその親から扶養を受ける完全な権利を有する」と述べた。プーフェンドルフを訳出した寺崎弘昭は、「扶養」の原語は“educatio”であると教えている。[2] したがって、「子どもの権利」はそれが語られた当初から、親子関係における「教育を受ける権利」として登場したことが分かる。寺崎によると、プーフェンドルフの主張では、親の権利は二つの根拠に基づいている。すなわち、「親の教育の義務」と「子どもの推定される同意（liberorum praesumto con-sensu）であるという点も興味深い。

フランス革命直後に、公教育の存在自体を問題にしたコンドルセ（Marquis de M.J.A.N.C. ondorcet; 一七四三－一七九四）は次のように述べている。「自然権には、自分の子どもたちの幼児期を監督し、かれらの知識を補充し、その脆弱さを擁護し、生得的な理性を指導し、幸福になるようにかれらを準備するという権利が含まれている」。権利という思想が明確になりえないのは、「幸福になるように準

備」といった哲学的に開かれた問題をその中核にもつからである。

子どもの権利を考える上で重要とされるルソー（Jean Jacques Rousseau; 一七一二―一七七八）の思想は、啓蒙主義に根強くのこる愚民観を問題として形成された。彼の著書『エミール』（一七六二年）におけるルソーの子どもの発見は、主体的な生活者としての子どもの発見であり、その人間的権利の発見であった。その背景には、『エミール』と同年に世に出された『社会契約論』の主題が存在する。「有徳の共和市民形成」をその教育理論の本質としたルソーは、子どものありのままの姿を受けとめ子どもを発達のみを目ざす人間としてではなく今を生きる主体としてとらえた。子どもを主体としてとらえ子どもの生きるプロセスを通して有徳の市民を形成しようという考え方は、子どもの権利を考える上で大切な視点とされた。ルソーの子ども観をひとつの大きな転換点とし子どもの権利思想は展開してゆく。多くの流血を伴ったフランス革命を通して、権利の思想は現実の世界に示された。

資本主義社会の発展は、子どもたちにとって、救貧法や工場法に見られる貧困と労働搾取との闘いでもあった。イギリスで紡績工場を経営していたオーエン（Robert Owen; 一七七一―一八五八）は、子どもを工場労働から解放し、当時きわめて一般的であった体罰を一切排除し、「仲間を幸福にするように努力する」習慣を築こうとした。オーエンは、児童労働の問題を改善するために工場法制定運動に取り組み、一八一九年に工場法が制定された。しかし、産業革命、そして資本主義の展開という現実の中で、児童労働や子どもの酷使はますます広がった。そこで、子どもを保護し子どもの福祉をどのようにまもっていくかという福祉国家を形作る流れと、時代が要求した「市民」をいかに作りあ

げるかという教育思想の流れの合流が、一九世紀の子どもの権利の特徴といえる。

子どもの権利の制度化が進むのは、一九世紀後半になってからである。欧米各国では、児童労働保護法、児童虐待禁止立法、公教育法などの「児童法」が成立し、子どもの権利の法制化が展開した。そこには、独占資本主義の成立、労働運動、社会主義運動の高揚、人権思想・福祉国家体制の成立などの背景があり、国家が子どもをとり巻く社会的諸関係に介入するようになった。二〇世紀初頭には社会運動が高揚し、世界的規模で子どもの保護・救済を軸とする立法と施策がとられてゆく。この点については第七章で説明する。

## 2　日本における子どもの権利思想の成立

一八七七（明治一〇）年一二月に、尾崎行雄はスペンサー（Herbert Spencer; 一八二〇－一九〇三）の“Social Statics”を『権理提綱』と訳して出版した。その中に早くも、「児童の権理」と題した一節がある。「児童も亦頼て以て幸福を得可き能力を有す、故に児童と雖も之を活動するの自由、即ち権理を有すること、豈に大人と異なる所あらんや」。子どもも幸せになる力をもっており、それを生かす自由がある。すなわち子どもも大人と同じように権利をもっている。これは当時の日本にとっては、まったく新しい考え方であった。

明治政府は一八七二（明治五）年にいち早く学制をしき、教育制度を拡充した。資本主義の発展段

階を基準としていえば、日本の公教育制度の採用は先進資本主義諸国と比べてむしろ早い。この時期にはやくも子どもの権利について議論が起こった[3]。この点については、第六章で詳しく述べる。

政府が依頼した、仏法学者ボアソナード（Gustave Emil Boissonade; 一八二五－一九一〇）による民法草案には、「親権は父母の利益の為め之を与ふるものに非ずして、子の教育の為め之を与ふるものなり。（略）一切の権利は子に属し、父母は只義務を有するに過ぎず」と子どもの権利の優位性が強調された。しかし、明治政府は草案を没稿とし、「大日本帝国憲法」（一八八九年）を公布した。

政府は、殖産興業、富国強兵策を推し進めていく上で、労働力と兵力の資質を向上させるために公教育制度の整備を急いだ。それは、後進資本主義国として出発した日本が、先進資本主義諸国の仲間入りをして発展していくために必要な政策と考えられた。日本の公教育ははじめは欧化主義の影響のもとにあったが、徐々に儒教道徳を基盤とする徳育主義によって貫かれるようになった。こうした傾向は、一八九〇年（明治二三）年の教育勅語の発布により決定的なものとなる。勅語の教えは、天皇を頂点とする家制度とその親子関係のあり様を子どもに教え込むものであった。

明治二〇年から三〇年代にかけて日本は産業革命を経験しつつあった。当時の家庭では七、八歳以上の子どもは大切な働き手であった。とくに子守りは子どもの代表的な仕事の一つであり、弟や妹を背負ったまま子どもたちが遊ぶ姿はよく見かけられた。やがて、日清戦争後の工業生産の発展とともに、それまで家庭でしか必要とされなかった子どもの労働が、家庭外からも「労働者」として必要と

されるようになった。

労働する子どもの保護についても、資本家の抵抗が強かった。明治二〇年前後、日本の工業はまだ始まったばかりで、資本家たちは工場や宿舎の設備を改善したり労働時間を短縮すれば、先進国の工業に負けると考えた。しかし、明治三〇年代に入ると重工業も興り、男性労働者が増え、労働運動が組織されるようになった。子どもや女性の労働に対する保護立法（工場法）は一九一二（明治四五）年に成立し、一九一八（大正五）年に施行された。

下層社会の社会問題の解決は国民教育の普及にあるというのが、この時期の社会・労働運動でとらえられた新しい視点であった。そこで、学校へ行くことがひとつの状況克服の解決策と考えられた。[4]やがて、社会権としての国民教育の機会の獲得は絶対的な要求となってゆく。

日本最初の教員組合啓明会を作った下中弥三郎は『婦女新聞』（一九〇四年）に「子供至上論」をよせ「子供は一切の主権者」と説いた。やがて下中は、学習は義務ではなく権利であると「学習権」を主張する。それは、「『文化』という社会的遺産の『分け前』に公正に与かる権利」の主張と考えられた（『教育再造』一九二〇年）。

## 3　日本における子どもの権利思想の展開

### (1)　キリスト者の権利思想

日本近代の権利思想の展開にキリスト者の働きは大きな影響を及ぼした。産業革命によって発展する過程で、都市では下層社会が形成されていった。とりわけ、日清・日露両戦間期には、産業資本の著しい発展や戦争などをきっかけとして多くの社会問題があふれ出した。なかでも広く社会的な関心を集めたのは、不良少年や犯罪少年の増加という問題であった。これらに対して成立したのが、一九〇〇（明治三三）年の感化法であった。すでに明治一〇年代後半から、近代的施設処遇はキリスト教を基盤として、石井十次・留岡幸助らにより始められていた。

石井十次は、一八八七（明治二〇）年「岡山孤児院」を、一八九〇（明治二三）年には、小橋勝之助が兵庫に「博愛社」（後に、大阪市に移転）を設立している。石井は、青年期にキリスト教に接し「最も憐れむべきものは、其の家貧にして不幸父母に離るる孤児」も「均しく是れ吾人の兄弟姉妹にして天父の愛子(5)」と述べ、「岡山孤児院十二則」の第一を「家族主義」とした。日露戦争前後の石井は、東北凶作地孤児の無制限収容を行ったため、児童は一二〇〇名にも達した。

一八九九（明治三二）年には、アメリカの感化事業に学んだ留岡幸助が東京府巣鴨に家庭学校を設立した。それは処遇方法に基礎学力の賦与、農業を主とする労作、保健体育、宗教教育を取り入れようとするものであった。このような処遇方法についての考え方の変化を受けて、不良少年や犯罪少年に対する処遇方法は懲治主義から、しだいに普通教育や職業教育を重視する教育を中心とした方向に転換した。留岡は、「感化院設立に就き」で次のように述べた。それは、教育・処遇の結論は「家庭的感化」にあり、「貧窮なる家庭も公共組織に勝る」という主張であった。

キリスト教にもとづく婦人雑誌『女学雑誌』[6]を主宰した巌本善治は、一八八八（明治二一）年に、女性と子どもを真に人間的に待遇するためには、旧来の儒教主義的な〈家族制度〉を克服し、欧米に見るごとき「ホーム」を建設せねばならぬと述べた。[7]一八九三（明治二六）年には、巌本の妻、若松賤子が「子どもに付て」を『女学雑誌』に連載して家庭における「子供の権利の保護」を主張した。

大阪堂島生まれで、長老派旧日本基督教会の牧師であった田村直臣が書いた『子供の権利』（一九一一年）は、子どもの権利論として刊行された最初の書籍である。日曜学校に力を注いでいた田村は子どもは神のもので子どもの権利は「神様から与へられた」ものと、信仰を基盤に子どもの権利論を形成した。子どもは親の所有物ではないとした上で、「よい教育を受ける権利」「意思を尊重してもらう権利」「遊ぶ権利」などを強調した。

安部磯雄（一八六五－一九四九）は、一九一七（大正六）年に『子供本位の家庭』[8]を著した。八木紀一郎によると、日本における社会民主主義の源流を探ると、一九〇一（明治三四）年に結成された社会民主党に行き着く。結成を主導したのは安部であった。社会主義と民主主義を結ぶ社会民主主義の思想は多くの政治運動の成立を助けたが、これは日本における社会民主主義の成立期であった。社会民主主義は議会制民主主義、分配重視の経済的社会主義、キリスト教的な博愛論理から形成されていた。この政党は、安部磯雄、片山潜、木下尚江、西川光二郎、河上清、幸徳秋水の六名で結党され、中江兆民の弟子であった幸徳以外の五名はキリスト者だったという。[9]

安部磯雄は、同志社大学在学中に新島襄より受洗し、岡山教会の牧師となり、岡山孤児院の設立を

目指す石井十次を支援し、アメリカとドイツで社会事業や神学を学び、帰国後同志社の教師となるが綱領問題で辞職し、一八九九年には東京専門学校（後の早稲田大学）の教授となり、社会主義運動に関わっていた。その後、一九四五（昭和二〇）年敗戦すぐ後の社会党の結成につながる呼びかけをした「社会主義三長老」は賀川豊彦、高野岩三郎と安部磯雄でもあった(10)。

『子供本位の家庭』において安部は、日本の従来の家庭は「夫本位の家庭」であり、欧米風の「妻本位の家庭」も良いけれども、「両親が自らを忘れて子供の幸福を図る、子供本位の家庭」をこそ宜しとしている。さらに彼は、『産児制限論』（一九二二年）で、産児制限の目的を「両親及び子供の幸福を謀ると同時に社会全体の幸福」を実現するために不可欠のものとみなした。ところが、やがてこの思想は、一九二六（大正一五）年の日本優生運動協会の創立に結びつけられてゆく。

この時代のキリスト教社会事業家は、子どもはすべて「神の子」ととらえ、子どもの権利保護のために、神を中心とした「家族」を重視した。その思想が、子どもには何よりも家庭的な愛情が必要という近代的家庭観を発展させることとなった。

### (2)　家庭と子どもの権利

公教育の制度化と並行して、第一次大戦（一九一四～一八年）前後における新中間層の増加とそれに伴う核家族化、専業主婦の大量出現は、子どもの教育を中心に理想の家庭を構築しようとする「近代家族」を誕生させた。

明治期に登場した、家族員の情緒的結合を重視して捉える「家庭（ホーム）」観は確立し、子どもの「教育」を中心に「理想の家庭」を構築しようと、近代家族は方向を定めてゆく。この時期の特徴は、「遅れた」家庭を充実させようという家庭教育論の流れが、その対象とは異なる新中間層に受容・支持され、教育関心と結びつき展開するという構図である。

大正期に入ると、悪税撤廃運動などの社会運動が活発に展開された。そして、いわゆる大正デモクラシーと呼ばれる土壌が形成され、子どもの権利思想も児童中心主義運動を中心に展開をみせた。[11] 一九一九（大正八）年にエレン・ケイ（Ellen Key; 一八四九－一九二六）の『児童の世紀』が翻訳され、[12]「子どもから」といったスローガンが広まった。婦人運動の中心的な存在であった平塚らいてうは、「母親が、子供にとって母親を最も必要とする或る期間だけ、生活のために労することなくその全人格を子供の世話に投じ得る迄に国家によって保護し、若しくは補助せられる日」を望み、それが「子供の権利」であると主張した。[13] 恋愛から結婚への過程は生まれてくる子どもの権利によって制約され、結婚は健康な子どもを得るためである。子どものための充分な教育環境整備のゆとりが結婚の前提であり、そのゆとりの支援を国家の任務と主張した。

内務省嘱託であった生江孝之は、一九二三（大正一二）年に児童保護の必要性の根拠として「児童の権利」を含む六項目をあげた。生江は人間には生存の権利とより良く生活する権利があり、「父母が充分に子女の権利を擁護し徹底せしむる事が出来ぬならば、国家社会が之に代わらねばならない」と述べた。[14] これらの考え方は、子どもの権利保障の理論的根拠となった。

一九二〇年代から三〇年代にかけて、第一次大戦の好景気から戦後の反動不況、更に昭和恐慌が追い討ちをかけ、国内における社会問題の激化による社会不安が増大した。失業と窮乏は大量の欠食児童、親子心中、人身売買の頻発、不良青少年の増大など、おびただしい子どもの問題を生み出した。恐慌による不況によって子どもの生活は危機的な状況にあり、東北の村には娘身売りの相談所さえ存在した。農村から年季奉公として都市に売られてきた少女たちは、雇い主の虐待行為の犠牲にならなければならなかった。その結果、労働運動や社会主義運動が勢いづき、これらの問題に直面した政府は、社会運動の弾圧を図りつつ、対応策を講じなければならなかった。そこで成立したのが、次の一連の立法であった。

まず、一九二九（昭和四）年に成立した救護法が一九三二（昭和七）年施行され、一九三三（昭和八）年に少年救護法と児童虐待防止法、そして一九三七（昭和一二）年に母子保護法が成立した。しかしこれらの立法の内実は日本における資本主義の発展を反映し、制限的なものでしかなかった。さらなる対応を迫られた行政側は「社会事業」を拡充するようになった。

一九三〇年代は新中間層を担い手とする近代家族の確立の時期で、教育熱心が特徴である。一九三〇（昭和五）年、文部大臣は訓令第一五号「家庭教育振興ニ関スル件」を発し、各地で文部省主宰の「家庭教育指導者講習会」と成人教育講座の一部として「母の講座」（後の「家庭教育講座」）が特設された。これらの講習会や講座、また小学校を中心とした「母の会」等の婦人団体では、当時アメリカを中心とする西欧各国で大きな展開を見せていた「両親再教育」が取り上げられた。(15)

職場である南満州鉄道株式会社（以下、満鉄とする）から米留学した上村哲弥は、一九二八（昭和三）年、満鉄副総裁松岡洋右の支援により、日本における実験心理学の開拓者の一人である松本亦太郎を会長に、顧問には初代満鉄総裁、後藤新平と東京帝大時代の恩師、新渡戸稲造を迎え、日本両親再教育協会（一九五〇年に両親教育協会と改称）を設立した。一九三二（昭和七）年には大阪中央放送局編『両親再教育』が日本放送出版協会から、一九三六（昭和一一）年には児玉九十『両親教育』が主婦之友社から出版されている。

上村哲弥によると、両親再教育の定義は次のようである。[16]「家庭の教育的機能と教育者たる両親の職責との重大性に鑑み、汎く世の両親の自覚を促し、一定の組織方法の下に、家庭生活並びに児童教養に関する基本知識と訓練とを与ふるを以て目的とする社会的教育運動」。また、「この運動は初め両親の自発的運動として発生したものであるが、現在は国家社会がその重要性を認識し、多くの公的機関が積極的に指導的地位を取って居る」と、家庭から発した教育関心が、国家主導でシステム化されたことが見て取れる。

一九三四（昭和九）年には、恩賜財団愛育会、その他公私の各種教育相談所・健康相談所・児童研究所等においても母親に対する個人的指導が行われるようになった。

家庭における子どもと親の関係に端を発した子どもの権利論は、親は子どもに何をなすべきかといった点が主要な関心事となり展開していった。子どもの権利論は、為政者の思惑を超えて新しい「家庭」イメージに伴走され、大正期の展開につながってゆく。さらに、子どもの権利論の主要な担い手

である日本近代のキリスト教社会事業家は、子どもはすべて「神の子」ととらえ、その子とのつながりを神を中心とした「家族」とみなした。その思想は、子どもには何よりも家庭的な愛情が必要という近代的家庭観と結びつき、子どもに愛情を注ぐ「家庭的であること」に価値が置かれるようになった。

成立した新中間層による近代家族は、愛情によって結びついた家族であり、それまでとは異なった形の家族となった。家制度を継承する「家」ではなく情緒的結びつきをベースにした「家庭（ホーム）」を志向した近代家族は、その中核として「子どもの教育」を選択した。彼らの愛情の具現は、キリスト者たちが当初考えたものとは異なった。

## 4　マンパワー形成と子どもの権利

一九三八（昭和一三）年には厚生省が新設され、その中に児童課が置かれた。この時期になると、子どもの問題は「国家将来の発展」、「東亜の新秩序建設の大業」という観点を中心にとらえられた。児童福祉の内実も戦争遂行のための「健民健兵」育成策であった。

一九四〇（昭和一五）年には国民優生法が公布された。これは、ナチス・ドイツの断種法にならったもので、遺伝性の精神病、精神薄弱、病的性格、強度の奇形などの「不健全者」の断種と「健全者」の産児制限禁止を定めたものであった。

終戦後、日本国憲法が一九四六（昭和二一）年に制定され、その規定を受けて、一九四七（昭和二二）年に、教育に関しては教育基本法が、児童福祉に関しては児童福祉法が定められた。さらに先行する諸立法の子どもの権利関係規定を大きくまとめ、新しい子ども観を提示し児童行政を確立していくために、一九五一（昭和二六）年五月五日に「児童憲章」が制定された。この憲章は、国連での子どもの権利宣言（一九五九年）に先立つ日本の子どもの権利宣言といえる。しかし、それは当時の子どもの生活や権利に対する理解の不充分さを反映して、大人が子どもに対して行う社会的な約束として制定されるに留まった。

一九五〇年代の児童保護から児童福祉へという変化は、児童福祉が経済の拡大に対応する労働力育成策として位置づけられる中ではじめて可能になった。

一九六〇（昭和三五）年八月の中央児童福祉審議会答申「児童福祉行政の刷新強化に関する意見」では、経済成長を支える労働力の確保という観点から子どもの福祉はとらえられた。これは、一九六〇（昭和三五）年一二月の経済審議会の池田内閣への答申である「国民所得倍増計画」につながるものであった。

『厚生白書』（昭和三五年度版）は次のように述べている。

「三二年一一月に開催された第一四回国際連合総会で『児童権利宣言』が採択されたが、これを契機にわが国の児童福祉行政の全面的刷新をはかるべく、厚生大臣から中央児童福祉審議会に対してその具体策が諮問されたのも、このような事情を背景としていたものにほかならない。同

審議会は、諮問のあった三四年一二月以来鋭意検討を進めてきたが、三五年八月に至って『児童福祉行政の刷新強化に関する意見』を厚生大臣に答申し、今後の児童福祉行政の方向を明示した。答申の内容は、（1）人口の資質内上対策、（2）要保護児童対策の積極化と近代化、（3）母子福祉対策の強化、（4）児童福祉行政機関の強化の四項目に分かれ、特に人口の資質向上対策に力を注ぎ、将来の経済発展のためにも、長期的な視野にたって、児童の資質を健康の上でも社会的な適性の上でも向上させる対策を、計画的に、しかも強力に推進しなければならないと述べている。」

加えて、児童手当制度にふれ、次のようにいう。

「さきに述べた児童権利宣言には、『子供の多い家庭に属する児童については、その援助のため、国その他の機関による費用の負担が望ましい。』とあるが、多子が貧困の一つの原因であること、また、今後予想される産業構造の変動に対応する労働力の移動を促進する意味からも、政府としてはその検討を急ぐ必要があろう。」

では、その次年度、昭和三六年度版の『厚生白書』はどうであろうか。

最近になって（三五年八月）中央児童福祉審議会から出された「児童福祉行政の刷新強化に関する意見」の中で児童手当の問題にふれたのを契機として、各方面で急速にこれに対する関心が高まってきた。国民所得倍増計画においても「年功序列型賃金制度の是正を促進し、これによって労働生産性を高めるためには、すべての世帯に一律に児童手当を支給する制度の確立を検討する必要があろう」

とし、本年八月に内閣総理大臣あてに出された雇用審議会の「産業構造の変化、労働市場の特性等に伴う雇用失業対策に関する意見」の中でも中高年齢離職者対策とからんで「中高年齢層の再就職をはばむ大きな原因が賃金の問題にあることにかんがみ、扶養家族の多いことが再就職の機会をせばめたりすることのないように、いわば家族手当制度ともいうべきものの早急なる実施について検討を行なうこと」と指摘している。

「経済発展のためにも」「児童の資質を健康の上でも社会的な適性の上でも向上させる対策を、計画的に、しかも強力に推進しなければならない」。また、「産業構造の変動に対応する労働力の移動を促進する意味からも、政府としてはその検討を急ぐ必要」があると、児童手当の検討が急がれた。国民所得倍増計画の一環として、児童手当は位置づけられていたことが分かる。

よく知られるように、日本経済の急激な拡大は、弱者である子どもの生活に影響を及ぼし、さまざまの社会問題を生んだ。たとえば、地方から都会への子どもたちの集団就職は、低賃金労働力の確保がその目的であり「金の卵」とよばれた[17]。また、生活環境の悪化が進行し、昭和三〇年代に入ってすぐから、子どもたちは水俣病、森永ヒ素ミルク中毒事件などの犠牲となった。その数は、一九六一（昭和三六）年のサリドマイド事件、一九六二（昭和三七）年の四日市ぜんそくなどによって急激に増えた。政府にとっては、子どもの状況が危機的で重要な政策課題となった。それはなによりも日本の経済成長にとって将来痛手となる問題であったからである。

一九六三（昭和三八）年一月に「人的能力政策に関する答申」を提出した経済審議会は、子どもを

「労働力供給の源泉」とみなした。ここでは、子どもの死亡を「労働力の損失」という見地から防止しようとし、児童手当は、子どもの「能力を十分に開発するための手段」と考えられた。近代日本の福祉国家としての枠組は、「マンパワー形成」という価値に収斂されたのである。

一九七〇年代の高度成長期を経て、八〇年代以降、子どもをめぐる社会的な問題が噴出するようになった。そこでようやく、「マンパワー形成」としての子育てが問題視されるようになり、九〇年代に入って、学校・地域・家庭が連携した社会的子育てが注目されるようになった。しかしながら、社会が自由化にシフトする中で、子どもに教育投資する「マンパワー形成」から自由になり、ひとりひとりの子どものもつ価値を認め、子ども達同士の豊かな関係を仕掛けることは、国家にとっても保護者達にとっても難問として立ち現れている。

## 5　結　び

西欧近代の直前、子どもの権利論が登場する時には、まず親子関係論がそのベースにあり、そこでは養育＝教育という理解があった。産業化の進展とともに、子どもの福祉をまもる福祉国家構想と市民づくりという、二つの必然的な流れの中で、子どもの権利は徐々にその形をあらわしてゆく。

日本においても同様に、親子関係論の中に子どもの権利は登場するのであるが、特徴的なのは、すぐにそれが教育、そして「学習権」へと結びつけられることである。これは、日本の家庭における教

育の位置取りが大きく影響しているように思われる。つまり、近代家族は子どもへの愛情の具現として、将来の豊かな暮らしや人並みの暮らしを手に入れるため、教育に関心を向けた点である。

一方、国家は、「国家将来の発展」という地点に「子どもの最善の利益」を位置づけ、人材としての子どもを確保するため教育に注目した。ここに、産業化の進展と共に、子育てが能力主義政策の後押しを受け、近代家族の教育要求と結合したという構造が浮かび上がる。結果として、家庭の近代化は、家庭が教育以外の関心を子どもの育ちに向ける可能性を著しく縮めることとなった。

家庭から発した教育関心が国家によってシステム化されたという近代日本の特徴は、さらに丁寧に分析される必要がある。

さて、「子どもの最善の利益」といえども歴史的所産であり、一定の社会的枠組みを通して表現されるという点は私たちにとって大切な視点である。

学校教育を通して子どもの将来は振り分けられる。この社会配分システムは、子どもが育つ文化的背景の違いを明らかにする。その時代と社会にとって価値をもつとみなされる能力により、その子の将来は決められる。こうした状況への対応策として、権利保障という名の下に、子どもに能力をつけることを保障するといった原理が目指された。しかし、ここで選ばれた学習権保障という考え方は、社会における教育のシステムが序列を目的に成立している限り、今までと同じ資本主義的秩序を維持するにすぎないという限界があった。

持田栄一は、次のように言う。一般に、子どもの権利を保障していくためには、幼稚園や保育所の

機能を広げたり、教育の機会を拡充したり、子どもサービスに従事する人々の勤務条件を整備したりすることが実践的課題と考えられる。しかし、現在、われわれの周囲においてみられる子どもの現実をみると、子どもの権利を保障していくためには、「それに先立って、現代社会においては子どもの生命と生存と生活がきわめて不安定な状況にあることに注意し、そのような現実を打開していくことから出発しなければならない[18]」。

このように考えてくると、現代において子どもの権利を実現するとは、子どもをめぐる矛盾を解明し、子どもの人間性と生活の尊重を中心に福祉国家の問題を明確にし、本質をとらえかえしていくことが必要だと言える。それは「国家」と「市民社会」を対置させ、問題とするのではなく、両者を貫いてみられる矛盾を改善してゆく途を探求することである。

とりわけ、これからの子どもをめぐる議論においては、今まで見過ごされてきた個人の価値観の成熟が注目される。その方法は、道徳やモラル、あるいは国家意識の押しつけで機能しなかったことは歴史が実証している。社会を形成する個の価値観は、自らの周りで共に生き合う人々との関わりの中で成熟させられ、拡がってゆく。すなわち、私たちひとりひとりが現代社会をどのようにみつめ、たとえば、何に生きがいを求めていくかということと密接に関わっている。

（1）　ホッブス『リヴァイアサン』水田洋訳、一九九二年、岩波書店。
（2）　寺崎弘昭「子どもの権利の系譜学」『教育』一九九〇年一二月、五九～六〇頁。

(3)　一八八一(明治一四)年の一月には、前年末に出された教育令の改正を受け、義務教育の是非についての論争が起こった。賛成派の民権家、赤松常次郎は「子女の権理」として義務教育が必要であると『教育新誌』で論陣を張った。
(4)　近代化のための就学政策は徐々に浸透し、一八九九(明治三二)年には七〇%を超えた就学率は、三年後の一九〇二(明治三五)年には九〇%を超え、大正期には就学は定着していく。
(5)　石田祐安『岡山孤児院』岡山孤児院新報社、一九〇〇年、六〇頁。
(6)　一八八五(明治一八)年七月創刊、一九〇四(明治三七)年二月廃刊。巖本善治の編集(第二四号以降)。北村透谷、島崎藤村らの寄稿者を集めて、後の『文学界』の母胎となった。
(7)　巖本善治「日本の家族」『女学雑誌』九六〜一〇二号、一八八八年。
(8)　安部磯雄『子供本位の家庭』実業之日本社、一九一七年。
(9)　八木紀一郎「二〇世紀日本における社会民主主義とリベラリズム」山口二郎・宮本太郎・坪郷實編『ポスト福祉国家とソーシャル・ガヴァナンス』ミネルヴァ書房、(ガヴァナンス叢書第二巻、二〇〇五年春刊行予定)。
(10)　同前。
(11)　日本では大正期を中心に、エレン・ケイなどの新教育運動の影響を受け実践された思想。基本的な立場として、子どもの問題を「児童から」決定しようと主張された。
(12)　エレン・ケイによる"The Century of the Child"(一九〇〇年)の大村仁太郎訳『二〇世紀は児童の世界』(一九〇六年)の新訂六版として刊行された。
(13)　平塚らいてう『婦人と子供の権利』天佑社、一九一九年。
(14)　生江孝之『社会事業綱要』一九二三年。
(15)　同年一二月には文部省主導で、全国の婦人をこの目的のために連合する大日本連合婦人会の創設を見るに至

った。

(16)　上村哲弥「両親再教育」城戸幡太郎ら『教育学辞典』岩波書店、一九三六年。

(17)　集団就職列車が走ったのは、一九五四（昭和二九）年四月五日である。高度経済成長期を迎えた東京では、町工場や商店街で人手が足りず、地方から出てきた若者たちは即戦力として引っ張りだこであった。集団就職列車は、一九七五（昭和五〇）年に廃止されるまで、中学や高校を卒業したばかりの若者を都会へ運び続けた。

(18)　持田栄一『学制改革』国土社、一九七三年、一二九頁。

# 第六章　明治の子どもと子どもの権利

日本では、一九九四年五月に発効した子どもの権利条約[1]をきっかけに「子どもの権利」という言葉がしばらくよく用いられるようになった。子どもの権利条約が発効して、現状の人権侵害が問題視されるようになり、改善・変革のための一歩が踏み出された。ところで、「子どもの権利」に関する議論は、子どもの問題の解決を目的として、弁護士や法学者によってリードされることが多かった。そこでは、子どもの問題をめぐって法の世界から切り込む子どもの権利論が中心となってきた。

ここで問題としているのは、法に関わるケースとして直接扱われない周縁の子どもたちや大人たちが感じている、教育による精神的束縛である。一般に、親や教師が子どもに対して最も関心を示す点は「子どもの教育成果」といえる。そして、それこそが最も「教育的」でない人間関係を生み出す原因となっているように思われる。

さて、「権利」はヨーロッパから日本に移入された言葉であり、その意味は歴史的に構築されてきた。その構築過程を考えるために、本章では子どもの権利をめぐる歴史、とくに日本の権利思想の移入期に大きな役割を担った、明治期の自由民権運動[2]と社会・労働運動に焦点をあてている。

とりわけ、子どもの権利としてまず注目されたのは教育権であった点を重視して、教育権とは何かを探るために、この時期の子どもを取り巻く状況の変化と子どもの権利論がたどってきた道筋を整理し、子どもの権利思想が形作られた歴史について検討したい。

学校制度は近代化にとって非常に効率的なシステムであったが、人々の多くを拘束し、そのために家庭や地域社会や学校内部で様々な問題が生まれた。「学校に行く」という行動が特別なことから当り前のことへと転換していったのは明治後期である。日本における子どもの権利論は、早くもこの時期の教育をめぐる議論の中に登場している③。自由教育か干渉教育かという論争に、干渉教育支持派から「子女の権理」として義務教育はなくてはならないものであるという論旨で持ち込まれたのである④。

公教育の制度化を急ぐ政府は、強力な就学政策を取り、それまで多様であった子どもの生活世界を学校を中心に再構成することに成功した。つまり、現代の「子どもの権利」をある意味で拘束している近代学校制度が、その誕生時に「子どもの権利論」に後押ししてもらいつつ成立したといういきさつがある。

郷里を離れて教育を受け、学歴を通して社会的な地位を昇ろうとする動向は明治期の初めからみられる。私塾や中等諸学校を経て上昇を目指す若者が上京しており、彼らの多くによって、子どもの教育をめぐる議論が新聞、雑誌といったマスメディアを通して闘わされた。彼らが子どもを「論じた」のに対して、実物大の子どもを「描いた」作家やルポライターがいた。第一節の素材は、当時の子どもたちの様子を描いた小説『たけくらべ』と明治二〇年代に子ども時代を過ごした人々からの聞き取り資料が中心となっている。まず最初に、明治期前半の子どもの生活世界に「教育」や「学校」がど

のように介入し始めているかについてたどってみたい。

## 1　再構成される明治の子ども

現在の社会では生活の均質化が進み、都市でも農村でも同じような暮らしをしている。そのため私たちは子どもの生活というと、いつの時代でも一つのイメージで掴めるような錯覚に陥りがちである。しかし、明治期の子どもの生活世界は、生まれた環境によって大きく異なった。

小学校の建設ラッシュは明治一〇年代である。(5) それ以降、中央政府の支援により建設が進み、明治三〇年代の尋常小学校数は二万五千を超えた。その数は現在の小学校数を上回っており、短期間で現在の学校教育の基盤が整備されたことがわかる。

明治二〇年頃までは、子どもの世界にも大きな変化はなかった。しかし、明治一九（一八八六）年の森有礼による教育改革で、国家主義教育が確立された。そのため、二〇年代に入ると、町や村の子どもの生活世界にも学校化の波が押し寄せた。ここでは、学校化を子どもたちはどのように感じとっているかを中心にみてゆきたい。

### 『たけくらべ』にみる学校

樋口一葉は、明治二六（一八九三）年七月から翌年四月まで、東京の下谷竜泉寺町で荒物雑貨、子

ども相手の駄菓子、おもちゃなどを並べた小さな店を開いていた。一葉は実際に見た下町の少年少女の風俗や人情を『たけくらべ』で描いてみせた[6]。

『たけくらべ』は「乱暴者の子ども大将」の長吉が、龍華寺の御曹子、信如に千束神社の祭の加勢を求めにくる場面から始まる。信如は一五歳。おとなしい性格の男の子なので近所のいたずらっ子たちによくいじめられる。気の弱い子はいたずらの格好の的であった「力を言はゞ我が方がつよけれど」長吉は最近形勢が悪い。田中屋の正太郎の側に子分の子どもたちが通じているらしい。そこで長吉は、信如に味方になってくれるように頼み込む。信如は強くはないが、なにせ頭がいい。「己れは此様な無学漢だのにお前は学ができるからね、向ふの奴が漢語か何かで冷語（ひやかし）でも言ったら、此方も漢語で仕かへしておくれ、あゝ好い心持ださつぱりしたお前が承知をしてくれゝば最（も）う千人力だ」。学問はおとなしい子にとっての「力」となった。教育の普及は子どもの生活世界の構図を変化させ始めた。

さらでも、教育はむづかしきに教師の苦心さこそと思はるゝ入谷ぢかくに育英舎とて私立なれども生徒の数は千人近く、狭き校舎に目白押の窮屈さも教師が人望いよいよあらはれて、唯学校と一ト口にて此あたりには呑込みのつくほど成るがあり[7]

「学制」（明治五年発布）が廃止され、明治一二（一八七九）年には、いわゆる自由「教育令[8]」が公布され、私立学校設置が自由化された。と同時に、寺子屋から昇格した私立の小学校が急速に増加し、繁栄した。それは、大衆が授業料の安いほうへ、しかも日常生活と結びついていた学校の方を選んだ

という面もあるが、そうした私立の小学校が親代々からの縁もあって、地域社会の生活の中に溶け込んでいたという事実も見逃せない。

尋常小学校の授業料は、自由教育令以降、徴収の是非が学校に任せられた。しかし、明治一八（一八八五）年の教育令改正で、地方教育費の節減のため授業料の徴収が定められ、明治三三（一九〇〇）年、小学校令の全面的改正による授業料廃止まで続けられた。

では、『たけくらべ』の世界へ戻ろう。

正太郎は長吉より年下だが、金持ちの息子で愛嬌もある。おまけに長吉のほうは私立の小学校なのに、正太郎は公立の小学校に行っている。(9) 皆とは違って、寺子屋的な私立小学校よりもずっと設備のいい公立小学校に正太郎がただ一人通学しているのが、長吉には我慢がならない。

正太郎は、長吉のことを「私立の寝ぼけ生徒」と言う。長吉にとっては、「私立私立とけなされるも心わるき」(10) ことであった。長吉と正太郎の対立から、私立に通う長吉は公立の正太郎に対して、コンプレックスを感じていることがわかる。それを逆手にとり、公立の生徒にとっては「私立」は格好の悪口言葉であった。

同じ頃の明治二八年に千束神社からそう遠くない市立浅草小学校に入学した久保田万太郎（一八八九－一九六三）(11) は、長吉とは反対のコンプレックスを持っていたことを証言している。

……わたしは、はじめから田川〔浅草の代用小学校のこと〕〔私立学校〕の厄介にならず馬道の学校〔公立学校…引用者の注〕に入りましたが、何かあるたびにありやうは、代用の小学校のみ

るからに自由らしいところを羨しいと思ひました。…うちへ帰ると、友達は、みんな、田川へ行ってゐるものばかりです。――ときによると肩身のせまいことがありました。[12]

小学校の公立化が進む中、「私立」と「公立」に分けられる子どもたちの気持ちが揺れ動いていた様子が見て取れる。

正太郎は、「本家本元の唱歌」と威張る。流行の唱歌を歌うのも、公立小学校に所属している方が正統であるとの理屈であろう。[13]

学制の中に小学校の教科として「唱歌」は現れたが、教えることのできる教師がいなかったため、実際には唱歌は教授されていなかった。それはなぜであろうか。唱歌の西洋音階は当時の教師にとってはとても難しいものであったと思われる。唱歌の伴奏楽器として箏や胡弓を用いるよう文部省は指導していた。しかし、和楽器で唱歌を伴奏するためには、まず和楽器を西洋音階の絶対音に調弦しなければならない。西洋音階の正確な聴音が聞き取れる耳がなければ、その調弦は不可能である。西洋音階がどのようなものであるかも知らず、その絶対音も聞き取れない当時の教師にとって、西洋音階が調弦なしで出せるオルガンは強い味方であったのだろう。国産のオルガンが販売されたのは明治二一（一八八八）年からであり、その後尋常小学校に急激に広まった。

多くの人々は師範学校を卒業したばかりの若い先生を歓迎した。師範学校を卒業してきた教師はオルガンを弾きながら音楽を教えることができた。理科の実験や、体操・図画工作も教えた。寺子屋ふうの読み書き算盤以外の教育のおもしろさへと誘うことができた。長吉の私立学校とは異なり、正太

郎の時代の公立小学校には唱歌教育のためのオルガンがあったのである。

明治二二（一八八九）年生まれの松田ヒデさんによると商家の女の子は余り遊ぶ暇がなかったという。

次に、明治二〇年代に子ども期を過ごした人々の声を聞いてみよう。

## 「教育的」という価値

遊びいわれても、お友達なんかとはしりまわって遊んだという覚えはござりまへんですなあ。……そこへもってきて、三味線やとか舞い（舞踊）とかが（母が）すきですよって、おけいこにいったり、おさらいしたりようしますので、遊びの方も少のなりますのかなあ……。(14)

明治二〇年代、取り立てて裕福な家庭ではなくても、娘にお稽古ごとを習わせるのは一般的であった。また、ヒデさんは一六、七で行儀見習いのための女中奉公に出た。「ごもく箱みたいに何やかやと習いました」。

明治二三（一八九〇）年生まれの吉田澄子さんの父親は大工の棟梁で、女に学問はいらないという考えの人であった。澄子さんも、一四、五歳で子守り奉公にゆくまで三味線を習った。月謝三〇銭を出すために、鶏を飼い卵を売ったお金を貯めて月謝にしたという。

学校制度が定着する以前の子ども、とくに女の子の学習の機会は、おけいこごとに求められていたのである。

中道大治郎さんは明治二二（一八八九）年生まれ、三味線にまた違う思い出があった。

> 街道筋やったから、三味線ひきとか、歌うたいとか、浪花節語りとか、そういうのがよう通ってまっしゃろ。表で三味線の音でもしたら、あほ口しゃべってる若い連中にちょっと銭をやる奴があるんですワ。そやから、そういう芸人が来ると必ずうちらの表でうたうとたりそんなことしたもんです。わたしら子どもの頃、ようお相伴してたもんですワ[15]。

街道がまだまだ交通の要所であり、通り往く芸人たちとの関わりは、子どもたちにとって大きな刺激であった。村に太神楽[16]が来たときは、その街道もすべてムシロで被われ、観客席となり、車も通れなくなったという。こういった非日常的な遊びに対して、中道さんは、日常の遊びについても証言している。野山が自由に使える田舎では子どもの遊びも、ジャコとり、小鳥とり、川や池での水泳、相撲取りと豊富であった。手づくりの遊び道具で遊び自体を作った。ベッタ、バイ、紙鉄砲、剣つき鉄砲、竹とんぼ、輪回し、たこなどで遊んだという。

ところが、明治二〇年代以降には、「教育」という観点から種々の玩具の優劣が論じられるようになった。明治三〇年代になると、高島平三郎によって子どもの年齢にふさわしい玩具が勧められた。次の表は、「玩具之心理的分類」（表1）であり、「これは勿論、教師や父母など、子供に玩具を與へるものが心得ておく必要がある」とされて作成されたものである。「玩具を選ぶにも、…一に子供の教育の為めといふことを標準と」するよう勧められた。たとえば、七歳から一〇歳までは、機械にて活動する動物類、ハーモニカ、輪まはし、ピストル、竹とんぼ、豆鉄砲、空気銃、錦絵、武者絵、人

**表1　玩具の心理的分類**

| 玩具之心理的分類 | | |
|---|---|---|
| 感覺 | 触覺 | おしやぶり、ゴム又は磁器にて作りし人形類 |
| | 視覺 | 風船、風車、旗の類 |
| | 聴覺 | ガラ〳〵、笛、ラッパ、太鼓の類 |
| | 筋覺 | 劍玉、毬、ゴム人形の類 |
| 智力 | 好奇心 | 重ね卵、秘密箱の類 |
| | 記憶 | 篩め繪、繪合、組立人形の類 |
| | 想像 | 積木、あね様、面、まゝ事道具の類 |
| | 推理 | 起上小坊子、與次郎兵衛、理化應用玩具 |
| 情意 | 同情 | 人形、あね様、お猿其の他動物類 |
| | 美情 | 錦繪、千代紙、風琴、笛の類 |
| | 注意 | 羽子、射的、輪投げの類 |
| | 忍耐 | こんくらべ、智慧の輪の類 |
| | 勇氣 | 劍玉、空氣銃の類 |

〔資料〕 高島平三郎「玩具の心理的分類」『教育に應用したる兒童研究』明治44（1911）年より引用。

形、羽子板、千代紙など。(17)

明治二〇年代には、少年雑誌も日本で次々と出版され始めた。『教育小供のはな誌』（明治二〇年）『少年園』（明治二一年）『日本之少年』（明治二二年）『小国民』（明治二二年）『幼年雑誌』（明治二四年）『少年世界』（明治二八年）等である。どの雑誌も初めは教育的読み物が中心であった。

明治期前半の子どもの生活世界では、時間は現在よりも遥かにゆっくりと流れていた。『たけくらべ』の子どもたちの時代、明治二〇年代半ばは、就学義務の強制力がまだそれほど強くはなく、一般大衆の子どもたちにとって、学校に行くのはまだまだ「特別のことであった。やがて、近代化のための就学政策が徐々に浸透してきた。学校は人々によって、立身出世の手段やステイタスシンボルとして支持され受容された。やがて、大正期に入ると就学はすっかり定着し、今度は逆に、小学校不就学が深刻な意味を持つに至った。

日本で子どもの権利が初めて主張されたのも、就学をめぐる議論の上である。日本に近代公教育制度が成立し、子どもの生活世界が変容する上で、教育権に代表される子どもの権利思想は、教育の普及・一般化に大きな役割を担った。

それでは次に「子どもの権利」をめぐる明治前期の議論を紹介し、日本における「子どもの権利」が当初どのように理解され、用いられたかについて検討してみたい。

## 2　民権運動の中の子どもの権利論

「子どもの権利」という言葉が世界ではじめて登場するのは、一七世紀後半のイギリス、ジョン・ロックの時代に遡る。「子どもの権利」は、その誕生から教育と結びつけて論じられてきた。

日本では明治維新期に、regt（蘭）という単語が「権利」という言葉に翻訳された。[18]その語が定着

するまでの過程は、とても興味ぶかい。この単語は幕末には苦労して「主トナルベキ筋」、「本分」、「求めても当然のこと」といった訳語に置き換えられた。

明治一〇年前後は民権運動の隆盛に乗じ、運動史の中でも権利論議が活発な時期であった。しかしヨーロッパ生まれの権利思想の意味を理解するのは、封建時代そのままの明治初期の日本人には容易でなかった。また、一般人どころか民権家にとっても「権利」思想がよく理解されたかというとそれは難しかった。

すでに明治の初めには、福澤諭吉は「……人の自由獨立は大切なる物にて、此の一義を誤るときは、徳も脩むべからず、智も開く可らず……」と述べ、教育以上に前提としての自由が大切と述べている。

干渉教育をめぐる議論に先駆けて、明治九年には、民権家で大阪日報の論説記者であった關新吾が「眞正孝行論」と題して子どもの自由の権利について述べている。

特ニ父母ノ膝下ヲ離レ獨立獨行ノ身トナリ、或ハ父母ノ死後ニ至リ専ラ我身心ヲ使用スルトキニ及ンデハ、夫讓受ノ本來固有ノ貴重ナル自由ノ權理ヲ失墜シテ辱ヲ父母ノ名ニ迄モ與フルハ、不孝中ノ大不孝ニテ、權ノ一分モ之ヲ枉害セラル、時ハ、黄泉ノ下父母ニ對シテ報慙ノ外言譯アラザルベシ(19)。

これの意味するところは次のようである。親離れをした子どもや親と死に別れ独立した子どもは、自分の「自由の権理」を大切にしなければならない。それを失ったり、抑圧されたりするのは、親不孝である。

明治維新以降に大きく動き出す近代化には、西欧文明を儒教的人間観を通して読み替える作業が含まれていた。権利論もまた然りであり、闘の議論は、儒教思想の「孝」を色濃く出しながら、抑圧されないという点で自由権を重視する。

明治の初めには、これら自由権に関わる考え方がすでに論じられていた。そして、実際に「子どもの権利」という語を用いて論が展開するのは民権期からになる。

## 自由権の主張

明治一〇年代前半、政府の教育政策は動揺していた。「学制」の廃止後のいわゆる自由「教育令」では、義務教育の年限が短くされ、私立学校設置が自由化された。ところが、この教育令は学事の衰退を招いたという理由で、明治一三（一八八〇）年一二月二八日に再び改正された。その改正教育令は干渉「教育令」ともよばれた。

改正教育令が公布されるとすぐに、自由教育か干渉教育かという議論が新聞・雑誌上で活発に展開された。「学制」廃止後の民権家たちの主張には自由教育支持が多かった。教育に対する政府の干渉を嫌い、できるだけ民衆の生活現実に適合した自由な制度を望んでいた。

第一節の『たけくらべ』の世界でとりあげた、長吉や信如たちの通うような私立の小学校の擁護にも自由教育支持の論理は使われた。民権家たちは、民撰議会こそが民権を伸長し、国を発展させると考えていたため、国家の教育制度の成立に執着を持つ者は少なかった。しかし、それは決して民権家

が教育を否定していたのではなく、むしろ彼らの中でさまざまな形で学習運動が展開されたことは、先行研究が教えるところである。[20]

たとえば、植木枝盛は、「夫レ一定ノ学制ヲ布テ国民ヲ一様ニ教育セントスルハ、結局行ハレサルノミナラス、設ヒ実行セラル、主義ノ国中ニ弘布スルモノニシテ、国家開明ノ最モ害スル所ナリ」と主張し、国民を同じように教育することは国家の発展の妨げになると自由教育論を展開した。[21]また、日本国国憲案（明治一四年）を起草し、第五九条には「日本人民ハ何等ノ教授ヲナシ何等ノ学ヲナスモ自由トス」という一条を設けた。

あるいは次のような論調があった。公立制度を成立させるという政策は現実にそぐわないばかりか労働力を奪い、学校費を取り、民衆を苦しめている。だから、親の負担を軽くするために就学義務を緩める必要がある。また、自由の権を伸ばすためには自由教育が必要という端的な論調も多く見られた。

これまでの議論は自由権を主張するものである。それに対して、次に紹介するのは、干渉教育支持派の議論であり、現在でいうところの社会権の主張と関連する。

### 社会権の主張

明治一〇（一八七七）年に創刊された『教育新誌』は教育に関心をもつ者たちの議論の場であった。次の投稿をみてみよう。

……政府が教育に干渉すべきの理由は之を枚挙するに遑あらづと雖も今其主たるもの、一二を擧ぐれば則左の如し（第二）子女の権理を保護す○凡そ人の子女たるもの普通の教育を受けん事を要求するは、其固有の権理にして父母と雖も之を妨ぐべからず、之を動かすべからず而して之に普通の教育を与ふるの義務を負担すべきものは父母に非ずして誰ぞや、世人は未だ嘗て此の通理を了解せざるもの多く特に我邦の如き、古来孔孟の教を奉信せるよりして父母の権に制限無く父母は子女の生殺をも擅にすることを得べき風俗なりしを以て其旧習遺存し、父母は子女の普通教育を受くべき固有の権理を顧みること無く之を財産視し、之を奴隷使して己れが私利を貪るの資本となすもの少なからず……良民を保護する所のものは、独り政治の職務なり、されば子女の固有なる権理を妨害する所の父母を制して其子女を保護するも亦、政府の職務に帰せざることを得んや。(22)

ここでは次のようなことが述べられている。教育に関しては政府の干渉が必要である。普通教育の義務を負担するのは親である。昔から、日本は儒教思想の影響で、親の権利はとどまるところを知らない。子どもを自分たちの所有物として奴隷扱いしたり、逆にわがまま一杯に育てて、子どもの教育を受ける権利を奪っている。それは子どもの幸福を奪うのと同じである。

自由権を主張する論者、社会権を主張する論者とみてきた。以上のように、明治一〇年代前半の干渉教育をめぐる子どもの権利論に、すでに現在みられる自由権と社会権の論争の一端が現われている。しかし、次に紹介する議論は、社会権を主張しているかに見えて、その前提に自由権を置いている。

### 自由権を棄てないための教育

発刊まもない『東洋自由新聞』第六号（明治一四年三月）に「干渉教育」と題する社説が発表されてもいる。この『東洋自由新聞』の主筆は中江兆民であった。[23] しかし、この社説「干渉教育」[24]は兆民の筆によるものではなく、社内の誰か、あるいは兆民の仏学塾生が書いたものとみられている。

親が「教育ヲ怠ル」のは、その子の権利を奪っていることと同じである。政府はしっかりと親に「干渉シ」、それを改めさせなければならない。人間には生まれつきの自由がある。しかし、親が教育を怠ってその子の自由を育てようとしなければ、自由は伸び育たない。それは親がその子の「権利ヲ剥奪スル」ということである。

兆民は留学していたフランスでの革命のプロセスを学び、フランスの民衆の経験を日本の民衆に役立てようとした。フランス革命で民衆がせっかく獲得した自由をナポレオンに奪われたのは、不学のためであり、急がずに計画を立てて無知を克服することが民衆が自由を獲得する道であると考えていた。

社説「干渉教育」の三日後に『東洋自由新聞』に掲載された社説が「再論干渉教育」である。[25] こちらの方は兆民特有の語句があり、彼の執筆に間違いないといわれている。「仏蘭西革命ノ時ノ告示中ニ云ウ有リ、曰ク凡ソ国人タル者皆学術無カル可カラズト」で「再論干渉教育」は始まる。「仏蘭西革命ノ時ノ告示」とは、一七八九年のフランス革命の際の「人および市民の権利宣言」をさすと思われる。では、なぜ兆民は「干渉教育」に続いて「再論」を書かねばならなかったのであろうか。

「再論干渉教育」で兆民は次のようにいう。

教育は市民の務めである。親がその子どもに教育を施すといっても、教えるのが難しい親、あるいは貧しくて子どもに教育する余裕のない親がいる。教育を親に任せて学校を作らないというのは、日本が学術の国になろうと望んでいないことである。前号で書いた社説「干渉教育」を書いた理由はここであると説明する。また、兆民は、欧米諸国と日本の比較論を展開する。

欧米諸国は文物と人智が豊かである。一方、日本では、親たちは日々の糧を得るため忙しく、子どもの教育をする暇などない。日本は発展途上であるため、その状況を改善するために教育が必要である。

「再論干渉教育」では「子の権利」に引きつけて語られてはいない。むしろ、自由権について論じられているのである。「身ヲ立テ道ヲ行ハント欲スル……志ヲ破ル」者は、「自由権ヲ棄ツル」者と兆民は考え、学ばない者は「自由権ヲ棄ツル」者と論じた。

一般的な民権論者の権利理解は不十分であったが、その中で、自由を基盤として干渉教育を主張する兆民の議論は、自由権を自ら棄てないための教育ということができよう。

やがて、日清戦争が終わると、子どもの価値に変化が起きた。それまで家庭でしか必要とされなかった子どもの労働を、社会が必要とするようになったのである。資本制工業生産が拡大するにつれ、貧困層の子どもを含む労働状況は悲惨なものとなり、労働運動がはじまる。そこでは、社会権としての生存の権利が主張され始めた。子どもの就学もその影響を強くうけ、国民教育の普及、すなわち学

校へ行くことがひとつの状況克服の解決策として浮かび上がった。やがて、社会権としての国民教育の機会の獲得は絶対的な要求となってゆく。次に、その展開を促した児童労働の実際をみてゆこう。

## 3　労働運動からの教育権の主張

### 労働する子ども

当時の家庭では七、八歳以上の子どもは大切な働き手であった。特に子守りは子どもの代表的な仕事の一つであった。弟や妹を背負ったまま子どもたちが遊ぶ姿はよく見かけられた。しかし、工業生産の発展とともに、子どもは家庭外からも「労働者」として必要とされるようになり、資本主義化を支える上で見逃せない戦力となった。

工業生産は機械による分業を中心とし、あまり力仕事を必要としない。資本家が働き手として、賃金の安い女性と子どもに目をつけたのは当然であった。明治三〇年代前半の政府の調査によると、一〇歳未満の子どもは多数労働に従事しており、労働時間も平均一五時間であった。産業革命時代のイギリスの児童労働の状況とよく似ている[26]。

労働する子どもの保護についても、資本家の抵抗が強かった。明治一〇年代から二〇年代にかけて日本の工業はまだ始まったばかりで、資本家たちは工場や宿舎の設備を改善したり、労働時間を短縮すれば先進国の工業に負けると考えた。しかし、明治三〇年代に入ると重工業も興り、男性労働者が

増え、労働運動が組織されるようになった[27]。

子どもが従事した労働の中でも、もっとも高い割合を占めていたのは、子守・製糸女工であった[28]。日本に組織的な工場ができた明治一〇年頃から日清戦争頃迄の女工は、それ以降の女工と比べると恵まれていた。前貸金の制度はなかったし、退社も本人の意思に任されていたからである。ところが、日清戦争後は違った。工場の数が増え女工が多く必要とされたことに加え、女工経験者が里に帰り、工場の仕事の厳しさを伝えたため、女工の確保が著しく難しくなった。そこで、資本家たちは親たちの教育要求を察知して、工場内に学校を作り、女工募集の宣伝とした。

東京モスリン紡織株式会社の宣伝ビラには次にように書かれた。「工場内には、新築の寄宿舎、学校、病院が設けてあり、すべて無料であります。病気にかかってもご心配はありませぬ、学校は、普通教育の外、裁縫、生花、茶の湯、礼儀作法、割烹等を皆さんに、丁寧に、教えております[29]」。「文部省認可の私立小学校設置」という付加価値によって、八、九歳の少女労働者が続々と集まった。家庭にとっても、女工に娘を出すことは、外に比べるものがないほどの収入増を招いた。自作農の中で、女工を出した農家は土地を購入し、農業の規模を拡大することができたのだ。

### 社会・労働運動の教育権

前章で触れた太神楽などの遊芸人を生み出したのは貧民街であった。『時事新報』（明治二九年）によると、「東京市内および付近に乞食小僧の徘徊する数おおよそ三〇〇名に下らざるべし」とある。

両親に死に別れた子ども、継母の折檻にあい家を追われた子ども、両親に捨てられた子どもたちが、親分に稼ぎを払い、組織だってボッタタキ（万引）・カッパライ・賽銭釣り・ボタハタシ（すり）をしていた。彼らの寝る場所は、橋の下や家の陰であり、それぞれに持ち場があった。

そもそも棄児が増えたのは、明治元年に政府が人的資源拡大のために出した堕胎禁止令に由来する。すると、たちまち巷に棄児があふれた。

「オイお前はどうして乞食になったのよ」

「己れが家でお嬶のいうのには、お爺さんがこんなに借金がある中に子供を三人まで押し附けて逃げた時にはにくい親父だと思つたが、考えてみりゃ無理りゃねえ、幾程稼いでも汽車や馬車などに押されてなかなか人力車位ではこの大勢の暮らしには追い附かねえからのことよ、これからこの乃母も紙屑撰りに出たり時々は櫓追い（葬式の跡を追うこと）にも出るつもりだから、お前も一一になって奉公がいやなら何処へでも行けというからそれから乞食になつたのよ」(30)

明治期の政府にとっては、公教育の制度化こそが重要であった。資本主義化の過程で生み出された児童問題に対しては、積極的な対策をとる必要も余裕もなかった。

横山源之助は、貧民ルポルタージュを試み、社会学の古典である『日本の下層社会』（明治三二年）で劣悪な労働状況を実証的に明らかにした。彼は、日清戦争をきっかけに社会の尺度に変化があったことを「日本の社会運動」という論文で述べた。「帝国議会以前はおもに風俗・習慣・社交、もしくは向上なる人権の上に改良論行われたりしなり。しかるに日清戦役以来は経済社会は社会の中心とな

り、物質文明の発達と共に西洋諸国と同じく全く経済組織の欠陥に対する社会問題行われんとす[31]」。帝国議会自体が国家の繁栄を目的として動いており、経済が社会の絶対的な尺度として位置づけられる以前は、人権論が社会の尺度として存在していたと横山は言う。

また、横山は、「今一層我が平民社会に教育普及せば、今日の如く政治家者流のなすがままに平然たるべきにあらず[32]」と下層社会の社会問題の解決は国民教育の普及にあると述べている。これは、この時期の社会・労働運動で捉えられた新しい視点であった。

日清戦争の結果、勃興した機械工業は労働問題を引き起こし、労働運動が起こった。横山も、『日本の下層社会』を執筆中に労働運動に関わった。社会・労働運動は、明治三〇年代にその展開をみる。それは、日清戦争後の社会問題のたかまりに対する社会改良の動きから形成され、国家や政治とは異なった「社会」という領域に目を向けた点で画期的であった。労働運動では権利保障の獲得がその目的とされた。

明治初期の「権利」や「権理」とは区別された「社会権」に関心を寄せた社会主義の人々は「国民の教育権」を取り上げ、その保障のための条件について関心を強めた。彼らは国民を教育するのは国家の義務であり、教育を受けるのは国民の権利であると考えた。それは、スタートにおいて教育の機会から外されている貧困層の子どもたちとその生活の現状改善のために発想された論理であった。

明治の社会主義の魁となった社会主義研究会の村井知至[33]は、「社会主義の教育案」と題した講演で次のように述べている。

さて教育は如斯く國家的事業として、凡の人に其恩恵を及ぼさねばならぬと云ふに三大理由があります。今之を簡短にお話いたせば第一、教育を受くるは各人が先天的に有する權利で、教育は決して數人の私すべきものでない。……次ぎに教育の普及を要求するは社會の權利である。……最後に社會主義論者が國家的教育制度を主張する第三の理由とするところは、未だ生れぬ後世の子孫に對する義務であります。[34]

教育を受けることは人間が先天的にもっている権利であるから、「教育を以て国家的事業としなければならぬと云ふのが、社会主義論者の教育案」であった。資本主義社会の発達は、貧富の差を大きくする。社会主義者が「国家の教育権」を主張したのは、貧富の差と教育の関係が意識され、教育を経済的平等実現のための手段とみなしたのであった。

## 4　社会権と自由権の関係

人間が人間らしく生存するための条件が権利として要求されたのは、労働運動の成果による。人間らしい生活の実現のために教育は重要と考えられた。そのため、教育権もまた生存の権利と同じような枠組で権利保障が要求されたのである。その枠組とはいわゆる「社会権」のことを指している。社会権とは、例えば「教育を受ける権利」というふうに権利の内容を具体的に規定した権利である。

戦後、日本国憲法が発布されてすぐから、社会権の解釈をめぐって次のような展開があった。

最初に「自由権から、社会権へ」という考え方を強調したのは、我妻栄『新憲法と基本的人権』（一九四八年）であった。自由権とは、精神的自由を保障した権利のことをいう。つまり、そのことに関して「抑圧されない」、「干渉されない」という意味である。我妻は基本的人権の変遷を、次のように説明した。国家の権力を制限するのが人権の保障だというのは一九世紀の考え方であり、二〇世紀に入ると、国家の積極的な関与が望まれた。その関与を具体的にするために社会権が重要であると考えられた。

このような社会権の捉え方はそれ以後の権利理解に大きな影響を与えた。それはまず第一に、社会権と自由権を区別した。第二に、社会権を重要視したため、国家の介入する権限を安易に認めるという社会権の理解を一般化させた。[35]

奥平康弘は、それまでの社会権としての教育権の捉え方に問題を投げかけた。旧来の憲法理解では教育権は憲法二六条によって保障された「等しく教育を受ける権利」として教育の機会均等の面に重点を置いて扱われてきた。それに対して奥平は、従来の憲法や教育法の議論の上で、「教育の自由」、「教育権」の概念が不明確なまま使用されていると指摘した。そして、親の教育の自由については、教育に特有な自由というより、信教の自由、思想の自由、表現の自由など可能な限り市民的自由の一環として構成すべきと提言した。また、「国民の教育権」か、「国家の教育権」かという二者択一的な捉え方も問題にし、教育権論議に新しい視点を与えた。[36]

とりわけ、子どもの権利を考える上で、中村睦男の指摘は注目される。中村は、従来の権利理解が

「自由権」と「社会権」の違いを強調する点が問題であり、「社会権」の基底には「自由権」があり、両者の間には相互関連性があると強調した。[37] したがって、「教育権」の基底にも「自由権」があり、その二つはそれぞれに関わりあっているといえよう。

以上のような、権利解釈が展開する中、現実の子どもを取り巻く教育の場では、社会権としての教育の機会の保障が「学力保障」に結びついた。学歴社会に生きるために、学力をつけることが教育の保障と考えられるようになったのである。一般的な学校の実践では子どもの自由よりも、子どもの学力の保障の方が優位に考えられた。[38]

明治期の社会・労働運動によって、生活の改善のために要求された教育は、やがて後に教育権として実を結んだ。運動側の目的は生活の改善であった。時代の流れの中で教育の目的は、学力を子どもにつけさせるという学力保障に徐々に移行してきたように思われる。この学力保障もまた、子どもを取り巻く大人が、子どもの将来の生活のために見いだした方法であったが、子どもの自由を基底におき尊重するという視点は、決定的に欠けていた。

## 5　結　び

明治の子どもの生活を踏まえ、その当時起こった子どもの権利論と現代の議論と実践を関連づけ、子どもの権利の構成について考えてきた。

明治前期の子どもたちは、それぞれの場で多様な生活世界を形成していた。やがて、明治の終わりが近づくにつれ、子どもたちの暮らしのなかで「学校」が大きな位置を占めるようになった。田舎や商人の子どもの世界にも「学校」の参入により、精神世界も含めた構造の転換が迫られた。

いっぽう、日清戦争後の経済成長は子どもの労働を必要とした。人手が何よりも必要であったため労働する子どもを取り巻く状況は悪化した。子どもへの教育の機会の提供が社会・労働運動の立場から要求されたのは必然であった。

ここに、上からと下からの教育要求はうまく結びついた。これは、学校制度が驚くほど短い期間で成立した一因と考えられる。明治の終わりには、国民は学校を信頼し、積極的に受け入れるようになり、近代学校制度は定着していった。社会・労働運動と政府の要求は結びつきすべてはうまくはたらくようにみえた。しかし、ここに成立した近代学校制度は社会権としての教育の機会を保障することにより強制力をもってしまった。社会権の基底にあるはずの自由権は、分離され、過去のものとして顧みられなかったために問題は徐々に現れてきた。近代学校制度のなかでは、自由権は重要なものとは考えられなかったし、私たちも考えてこなかったのである。

今までみてきたように、教育権が社会権としてのみ解釈され定着したのは、明治の学校制度成立期以降の歴史が大きく関与している。自由権が公教育の中で見逃されてきたのは明治以降、現在にまで至る。さて、教育権の理解においても、子どもの学力の保障が第一要件なのではなく、まず人間としての子どもの存在の受容がその前提という視点が重要と思われる。

（1）「子ども（児童）の権利条約」は一九八九年一一月二〇に第四四会国連総会で採択され、一九九四年五月二二日から日本でも発効された。大人とまったく同じ市民的自由が明示されている。
（2）立憲体制、議会開設を要求して明治政府を攻撃した全国的な反体制運動。
（3）明治一〇（一八七七）年一二月に尾崎行雄がスペンサー（Herbert Spencer）の“Social Statics”を訳し、『権理提綱』として出版した。その中に「兒童之權理」と題した一章がある。
（4）compulsory education（義務教育）の当時の訳語が「干渉教育」であった。
（5）明治七（一八七四）年には、「建築の奨励のために、小学校用地として五〇〇坪以内の土地を無税にするから、無税官有地から都合のよい場所を選んで申し出ること」を勧める太政官布達が出された（石附実編著『近代日本の学校文化誌』思文閣出版、一九九二年、五〇頁）。
（6）「たけくらべ」は明治二八年一月から翌二九年一月にかけて『文学界』に断続七分載されて完結をみた。
（7）樋口一葉『にごりえ・たけくらべ』岩波文庫、四九頁。
（8）学制の中央主権的政策の手直しとして、教育の大幅な地方分権・自由化を打ち出した。学区制は廃止され、学校は区町村単位で設置・維持することになった。それは地域の実状に沿ったものであった。行政の任にあたる「学務委員」は住民の選挙で選ばれた。公選制教育委員の原型である。ところが、この教育令は「学事の衰退を招いた」いう非難を浴び、翌明治一三年には改正された。
（9）『明治学制沿革史』（黒田茂次郎、土館長言共編、明治三九年）によると、東京府には明治四年に六つの小学校が文部省直轄にされた。
（10）樋口一葉、前掲書、五三頁。
（11）小説家・劇作家・俳人。東京生まれ。永井荷風に師事し、浅草を中心に滅び行く江戸下町の情趣と義理人情を描いて独自の作風を築いた。

（12）「田原町のこと」前田愛「子どもたちの時間」『樋口一葉の世界』、平凡社、一九九三年、より重引。
（13）「唱歌」は、明治五（一八七二）年の学制頒布以来用いられている言葉で、専ら幼稚園・小・中・高校で教育用に使われる歌を指した。「国歌」「校歌」「寮歌」「応援歌」「軍歌」「童謡」「民謡」などは、学校で教えられる限り「唱歌」と考えられた。洋楽が全く日本で鑑賞されていなかった明治初期に、洋楽のリズムや音階を日本国民に普及させたのは「唱歌」であった。『小学唱歌集』の初編が、明治一四（一八八一）年一一月二四日に出版されると一年たたないうちに八千部を重版した。
（14）藤本浩之輔『聞き書き　明治の子ども　遊びと暮らし』本邦書籍、一九八六年。
（15）同前
（16）獅子頭をもって町や村をまわる旅芸人。獅子頭で家屋のおはらいをし、伊勢神宮の神符を授けさまざまな曲芸をみせた。
（17）高島平三郎『教育に應用したる兒童研究』明治四四（一九一一）年。
（18）福沢諭吉は、「権理」という語を用いて、力による支配の排除を表した。（『学問のすゝめ』明治六年）。一方、加藤弘之は「権利」という語を用い、それを「幸福を求める人間の本性にもとづくために正当性を持つ」と理解した。だが、その幸福の前提は、西洋列強に対して日本の国家が力を持つことであると考えた（『立憲政体略』明治元年）。
（19）關新吾「眞正孝行論」『俗夢驚談』中島勝義編、明治九（一八七六）年（『明治文化全集』第五巻　自由民権篇、一九二七年、所収）。
（20）疋田正博「自由民権」本山幸彦編『明治教育世論の研究　下』、福村出版、一九七二年、一六九頁。
（21）『愛国新誌』第一〇号、明治一三（一八八〇）年、一〇月二三日。
（22）赤松常次郎『教育新誌』八八号、明治一四（一八八一）年、一月一九日。

(23)「干渉教育」『東洋自由新聞』六号、明治一四（一八八一）年三月二七日（『中江兆民全集』第一四巻、岩波書店、一九八五年に所収）。
(24)『中江兆民全集一四』（岩波書店、一九八六年）の解題、参照。
(25)「再論干渉教育」『東洋自由新聞』六号、明治一四（一八八一）年三月三〇日（『中江兆民全集』前掲書に所収）。
(26)マーチン・ホイルズ、村田直文訳『子どもをめぐる政治学』レターボックス社、一九九〇年。
(27)上笙一郎『日本子育て物語』筑摩書房、一九九一年、二四〇頁。
(28)土方苑子は子守・製糸女工の問題は日本の教育史史研究の中で特別な事例ではなく、基本的な問題であることを指摘している（土方苑子『近代日本の学校と地域社会』東京大学出版会、一九九四年）。
(29)細井和喜蔵『女工哀史』改造社、大正一四（一九二五）年（岩波文庫所収）。
(30)「東京の貧民」『時事新報』明治二九（一八九六）年。（中川清編『明治東京下層生活誌』岩波文庫に所収）人力車は明治三年に日本で発明された。
(31)横山源之助「日本の社会運動」『日本の下層社会』明治三二（一八九九）年（岩波文庫所収）三五六頁。
(32)同前、三八三頁。
(33)村井知至（一八六一〜一九四四）は、明治の社会主義者。同志社卒。米国留学後の明治三一（一八九八）年、キリスト教社会主義者を中心とした民間知識人らと共に社会主義研究会を設立。『六合雑誌』を主たる舞台として啓蒙活動を繰り広げた。
(34)村井知至「社会主義の教育案」『六合雑誌』二一二号、明治三一（一八九八）年、八月一五日。
(35)中村睦男、『社会権の解釈』有斐閣、一九八三年、一三九頁。
(36)奥平康弘「教育を受ける権利」芦部信喜『憲法』有斐閣、一九八一年。

（37）中村睦男、前掲書、一〇二頁。
（38）ここでいう「学力」とは、現代社会を支配する一定の価値尺度で規定されたものである。

# 第七章　子どもの権利条約の地平
## ──「教育」からの自由と人権をめぐって──

子どもの権利条約（以下、権利条約とする）は国連で採択された前文と五四条の条文から成る。その意義は、子どもを保護の対象とする子ども観から、権利行使の主体とする子ども観への転換にあるといわれ、意見表明権をはじめとする市民的自由（思想・信条・表現の自由、家庭環境権、プライバシー・通信・名誉の保護、障害のある子どもの自立など）の具体的な規定は画期的だといわれる。[1] しかし、批准をめぐるこの条約の国会承認案や条約への日本政府の態度には大きな問題があるとされてきた。

日本政府は、憲法や人権規約によってこの条約の目的はクリアされているので、条約実施のための新しい国内の立法措置も予算措置も必要ない、としたのである。

市民団体は、条約に照らして日本の子どもをめぐる国内法・制度・その運用等の総合的な検討と改善を望んだ。現行の日本国憲法や国際人権規約などのもとでも救済・保障制度上の不備により、現在の学校をめぐる問題、たとえば体罰や制服・校則そして障害者差別などの問題が依然として存在している。それらの子どもの権利侵害に、権利条約の保障規定による市民的権利の行使ができるかどうかが重要なポイントだと考えられたのである。

ここでは、それらの問題や議論の背景にある基本的認識にかかわる問題について考えてみたい。

## 1　コルチャック精神からの検証

子どもの権利条約は、一九八九年一一月二〇日、第四四回国連総会で採択された。この条約草案は一九七八年に国連人権委員会にポーランドより提出され、その後、条文検討が続けられていたものである。子どもの権利の法制化は、一九二四年の子どもの権利に関する宣言であるジュネーブ宣言が最初であった。また、戦後新たに組織された国際連合は、一九五九年に「子どもの権利宣言」を定め、その精神を継承したのである。ジュネーブ宣言の中の有名な文言、「大人は子どもに対して最善のものを贈る義務がある」という精神は、子どもに対して最悪の戦争の惨禍を与えてしまった反省から「子どもの権利宣言」に引き継がれ、さらに今回の条約の「前文」にも継承されている。子どもたちの権利保障の前提として、平和を守る責務を大人に課している点がそれらの一貫した思想的基盤なのである。

ところでポーランド原案のルーツは、ユダヤ系ポーランド人の小児科医であり、教育家であり、作家であったヤヌシュ・コルチャック（一八七八－一九四二）、本名ヘンルィク・ゴールドシュミット（Janusz Korczak・Henryk Goldszmit）の思想から多大な影響を受けている。

条約草案づくりのワーキング・グループの議長であったアダム・ロパトカ（Adam Lopatka・ポーランド最高裁判事）は、権利条約を国連が作りあげるための原動力となった人物であり、権利条約はコ

ルチャックの思想から生まれたと証言している。「コルチャックの基本的な考え方は、子どもは、子ども自身として人間である。そして尊厳を持っている、ということです。（中略）この精神が条約にも盛り込まれたのです[2]」。

「子どもは子ども自身として尊厳を持っている」という当然のようでもある考え方が、コルチャックの中でとくに重いものとして意識されたのはなぜであろうか。

ヤヌシュ・コルチャックは一八七八年にポーランドで生まれた。一九一二年にワルシャワで「孤児たちの家」を二つつくり、三〇年間孤児たちと生活を共にした。

彼の教育への姿勢はモンテッソーリと共通する部分が多いといわれている。しかし、モンテッソーリは具体的な教材の作成に心を傾けたのに比べ、コルチャックの主な関心は子どもと社会の関連に向けられ、そこに教育への態度のちがいがあったといってよいだろう。

彼の孤児院の歴史は戦争の歴史とほぼ重なる。一九一四年に勃発した第一次世界大戦でポーランドを分割していたロシア・ドイツ・オーストリアの三国は、二つの陣営に別れて戦ったため、ポーランドの兵士たちは互いに敵味方に別れて戦うという立場におかれた。ポーランドが三国に翻弄された様子やパリの平和会議、また選挙や議会の様子を彼は子どもたちに理解して欲しかった[3]。

そこで、彼は三つの国に囲まれたかつてのポーランドをイメージした『子どものための美しい国』という童話を書いた。社会的弱者である子どもも、社会の重要な成員であると主張した彼は、大人だけでなく子どもの社会関与が、社会をより良い方向へ向かわせると考えていた。

孤児院がゲットーに引っ越すとき、コルチャックは逮捕され、こういった。「移ろいやすい人の法の上に、より高い永遠の法が世界には存在し…」。これは、彼の人権概念を表す象徴的な言葉である。また、友人エスタ・ブドコウに宛てた手紙には、「まず子どもが犠牲になっている。子どもこそ人間の精神の再生の担い手であり、私はそれに手を貸したいが手段が分からないのです」と書かれていた。コルチャックにとって教育は平和の実現のための社会運動だったのである。そして、一九四二年八月孤児二〇〇名とともにトレブリンカのガス室で、彼もまたナチスのホロコーストの犠牲となった。

つまり、コルチャックの人間観に影響を与えたものは、こうした時代状況なのである。「子どもは子ども自身として尊厳を持っている」という考え方は、戦争中に子どもたちが最初の犠牲者となってゆく状況を憂え、彼の中に形成されたのである。

またコルチャックは、学生時代から毎週寄稿していた週刊誌『声』に、ヨーロッパ列強が帝国主義的な海外発展に必要な人材を育てる当時の教育を激しく批判する一文を書いていた。

教育制度の改革は、全体として国政の改革と密接に関連している。ということは、学校は、国の政策を反映し、そのいうなりになっている。

まず、国は決められた一つの方向に、国民の思想を統制するためにそれにふさわしい法律を決めてかかる。次に決められたことを忠実に守る、官僚と言われる軍隊が編成される。こうした軍隊の監視を受けているとみられる環境で教科書がつくられたり、教育に関する法律が成立する。

この法律を遵守させるために、きびしい管理体制がしかれ、必要に応じて、上からの圧力が、強められたり、弱められたりする。

「今日の学校」は、近代的な資本主義に根ざした、ナショナリズムの色彩が非常に濃いものだ。そして、そのもっとも重要な課題は、目的に適合できる、忠実なナショナリストを教育することである。（中略）

「文明化された」ヨーロッパの学校では、子どもたちは、もう長年にわたって、たった一枚の紙切れに期待をかけている。その紙切れとは、未来を約束される権利を得るための卒業証書なのである。人々は、皮肉をこめて「文明化された」ヨーロッパについて語る。

第一級の学校を揃えている「文明化された」イギリスは、どさくさに紛れて、金銭を強奪し、産出力の豊かな地域を征服していく。「文明化された」ドイツは、破廉恥な通商条約によって暴利をむさぼっている。(4)

彼は、一九〇五年にすでに国家装置としての学校機能の正当性を疑っていた。「未来を約束される権利」である「学歴」は、工業化社会最終段階の人材養成の配分装置ともいえる。「学歴」によりシステム化した先進国は、産出力の豊かな発展途上国に出向き、それらを近代化させてきた。コルチャックはこの「学歴」に象徴される近代化が第三世界を侵略すると近代批判を展開していたのであった。コルチャックの思想の核心である、社会的な抑圧からの子どもの解放は、当時の社会と学校批判を通

して形づくられたものであり、その観点から権利条約はとらえられる必要がある。コルチャック精神による検証という観点から権利条約をみるとどうなるか、その点に関して指摘しておこう。

国連の「子どもの権利委員会」は、男性五名、女性五名の委員会からなる常設機関である。条約締結国は批准後二年以内に、子どもの権利条約の国内の実施状況を報告し、それを受けて委員会による審査がなされる。この最初の審査が一九九三年一月一一日から二九日、子どもの権利委員会第三会期で、ボリビア・スウェーデン・ベトナム・ロシア連邦・エジプト・スーダンの六ヶ国からの報告書に基づいて行われた。

そのときの論戦における問題の所在がどこにあったか。たとえば、スウェーデンの報告審査のときのメイソン委員（バルバドス出身、少年裁判所首席判事、女性）の次のような発言にもそれは示されている。

「法律が社会の姿勢を常に変えるとは限らない。子どもの権利が確実に尊重されるようにするために、スウェーデンは立法以外の手段を考えているのか」。

また、バンバレン委員（ペルー出身、神父）はボリビアの報告審査の冒頭にこう述べている。

「政府が子どもの状況に関して責任を持とうとしていることはよく分かるが、社会全体の参加も同様に重要である。報告には大衆の参加やNGOの役割についての言及がほとんどないため、社会的問題への対応を政府が独占しているのではないかという印象を受けた[5]」。

審査中一貫して、子どもの権利委員会はこのように、法的規定や行政施策に力点をおくことよりも現実的な問題解決の手段を重視したのである。日本の初回の報告・審査は、一九九八年五月に国連本部で行われた。(6) 審査では、委員会から二二項目にわたる勧告が日本政府に対してなされた。たとえば、教育制度が極端に競争的で、子どもに否定的な影響を及ぼしているため適切な措置をとるよう勧告された。

権利条約の底流に流れるコルチャックの思想が子どもの抑圧からの解放であったと同じく、国連の姿勢は行政措置よりも、子どものおかれている社会的問題の解決を重視しているといえよう。ところがそれにもかかわらず、権利条約は子どもを取り巻く問題を「条約」という法制度によって解決しようとしているため、自ずから限界が生じる。子どもの抑圧からの解放を願うコルチャックの思想と子どもを取り巻く問題を法によって解決しようとする国連のあいだには、結果的にズレがでてくるのである。これは権利条約をめぐる運動のあり方にも及ぶ重要な問題点というべきだろう。これについては三節で詳しく述べることとする。

## 2　権利条約批准をめぐって——何が問題か

### (1) 子どもの権利と国家

権利条約に対する日本政府の対応をまずみておこう。

かつて外務省により作成された「西暦二〇〇〇年に向けての国内行動計画」には、教育普及の到達点とその成果が数字を挙げて誇示されているにすぎず、現実から提出される問題には触れられていない。(7)

また、旧文部省は、権利条約が発展途上国向けのものであり、条約が価値として目ざしている事項は、教育基本法・学校教育法に規定されている教育目的の趣旨と同じである、としていた。また、意見表明権に関しても、子どもの意見は年齢等に応じて考慮される前提があり、その意見は無制限に認められないとしていた。そのため、校則やカリキュラムは学校の判断と責任において決定されるという現状を認めるものとなった。

一九九三年五月二八日の参議院本会議で、子どもの権利条約承認案の本会議趣旨説明と各党・会派代表質問が行われた。そのとき、高校生の自治活動に関する文部省通達との関連で質疑が行われた。一九六〇年の「高等学校生徒に対する指導体制の確立について」という事務次官通達と一九六九年の「高等学校における政治的教養と政治的活動について」の初等中等教育局長通達の二つの通達は権利条約の理念と対立するものであり、撤回すべきであるとする見解に対し、文部省は撤回の意思がないとして次のように答弁している。

「（高校の生徒会活動は）憲法の下においても、学校は教育目的達成のために必要な合理的範囲内であれば、これらの権利に制約を加えて指導を行い得るものであり、学校が心身ともに発達の過程にある児童・生徒の政治的活動等について一定の制約を加えることはこの条約に反するもの

ではない。よって、撤回する考えはない[8]」。

一九六〇年の事務次官通達は、六〇年日米安全保障条約反対の高校生の連帯の禁止、また一九六九年の初等中等教育局長通達は、高校全共闘結成阻止を意図してそれぞれ出されたものである。これらはいずれも、教育と政治の分離、政治的中立性という名目による支配強化という性格をもち、子どもたち自身による政治的意見表明や行動選択を封じていくものであったし、それを当然とする社会意識や教育「良識」にさえ支えられていたものであった。

ところで、一九九三年五月二〇日の衆院外務委員会での外務大臣答弁は、いっそうはっきりと教育への公権力の立場がどこにあるかを示すものであった。つまり、学校行事での日の丸掲揚や君が代斉唱の場面で生徒が起立しなかったり、斉唱しなかった場合について「従わない場合はペナルティーを受けることになるのではないか」と発言したのである。現在、教職員の処分が問題になる中、生徒にもその対応は拡げられる可能性があるという点が明らかになっている。

権利条約二八条二項では、「締約国は、学校懲戒が子どもの人間の尊厳と一致する方法で、かつこの条約に従って行われることを確保するためにあらゆる適当な措置をとる[9]」と規定されている。ところが政府訳では、「学校懲戒」に当る“School Discipline”が「学校の規律」と訳されており、意味があいまいにされている。ここでは、体罰を行ったりプライバシーを侵したり、名誉を傷つけるなど人権侵害に当る懲戒は許されないとされるべきところである。こうしたいわば教育の暴力性をも条約と矛盾しないとする政府の立場に、この問題への基本姿勢があらわれていた。

権利条約に対する政府の姿勢にみられる問題点をあらためて指摘すれば、次のようになるだろう。国内行動計画が示すように、教育の現実問題に焦点が当てられていない点、また子どもたちの自主活動を禁止する通達を撤回しないような国家の介入的態度が、権利行使の主体としての子どもを認める条約の理念を無視している点などである。

### (2)　子どもの権利と「教育の論理」

子どもの権利に関する研究状況についてふれておこう。

九〇年代に入ってしばらく、権利条約の研究は増大した。その主張は、批准を意識して、権利条約のもつ意味を評価し、条約を現代の子どもを取り巻く人権問題の改善に役立てようとするものであった。それらのアプローチは、いずれも子どもを権利主体として、社会に位置づけることを提案していた。

一方で、子どもを権利主体とする見方の対極に立つような主張も存在する。たとえば、高橋史朗は「当事者を排除することが当事者の利益になる場合には、民主的に決定してはいけないのである。この点をはき違えると、誤った児童尊重主義になってしまう。医者と患者（中略）教師と生徒、つまり専門家と素人との関係は平等でも民主々義でもない[10]」という。また、「他律による自律化によって子どもの権利行使の能力を育てるという『教育の論理』と大人も子どもも等しく権利享有主体として平等であるという『法の論理』とは明確に区別しなければならない[11]」と述べている。

ここでいわれる「教育の論理」では「他律」に甘んじねばならないという意識が育つだけである。「他律による自律」というのは強者の論理であり、そこでは「自律」は育たない。しかし、現在の「教育」における関係は、結果的に「他律」による「自律」をねらったものが一般的である。制度化された教育というのは、もともと抑圧的な性質があるというべきであり、このような「教育の論理」は暴力そのものといえる。教育自体が帯びている暴力性をどうするのか、そういう試論として、いま子どもの権利の吟味が行われつつあるのではないだろうか。たとえば第二章でふれた、一九八三年に起った戸塚ヨットスクール事件の裁判をめぐっても、これらの点が問われたといえよう。

不登校の子どもを「治そう」として、結局五名の被害者を出したこの事件における、「教育」の暴力性について次のように述べられている。

要するに、被告である戸塚はある種の信念、「治す」という教育信念に燃えていたわけだ。その信念が死を招いたのであって、検察側が主張するような「営利目的」でないことは初めから分かっている。（略）だが裁判では、教育の暴力性について一顧だにしていない。教育とは、他者が人の心の中に立ち入り、社会への順応を目指して、心のあり様を変える営みである。人を殺さないまでも、横暴な行為であることには変わりがない。(12)

戸塚ヨットスクールの事例は、「教育」のもつ性格の一側面をよく表している。信念をもった一方的な教育の危うさが指摘されていよう。このように、教育自体が暴力性を内包しているという視点が大切である。

数々の教育裁判に関わってきた弁護士の中川明は、子どもの人権と教育の自由について次のような意見を述べている。

子どもの人権を強調することは、もとより、子ども固有の権利を否定するものではありません。むしろ、人権の基礎を得て、そのうえで子どもの権利が深められ、花開くことを求めるものだからです。歴史的に見ても、人権思想の中で、子どもも人権の主体であることが確認されたあと、おとなとは違った子ども固有の権利という視点が形成されてきたことは確かです。その意味で、「子どもの人権」は「子どもの権利」の基礎をなすものであり、両者は平面的に対比して捉えるのではなく、立体的・重層的にとらえることが大切です[13]。

## 3　人権と権利

人権と権利を立体的・重層的にとらえるとは、いったいどういうことであろうか。

権利概念が広く受け入れられるようになったのは一七世紀以降であり、欧米の市民革命を背景とした啓蒙思想に立脚し、近代市民社会の基本的な原理が提供された。自由権としての「市民的権利」の誕生である。この時代の人権は、国家権力と対抗する「自由権」とみなされていた。それは個人の自由に対して国家権力の介入を排除することを目指したものであった。

しかし、やがて一九世紀後半以降、独占資本主義の成立や階級対立の激化の中で、労働階級は組合

を結成し、権利闘争を展開する。そうした中で「社会権」が保障され、人権がカタログ化された。カタログ化とは、人権の内容を実定法において具体的に規定することである。しかし、人々の要求・欲求・利益をただちに権利の内容として認めることは現代の高度消費社会においては多くの問題を生む。また、そのように人権がカタログ化されることにより、カタログ化された権利＝人権という、法的主観主義におちいる危険性がある。

とりわけ、民主主義の体制においては、多数決で正当性が判断されていくため、人権としての社会権を決定するのは、多数者の利益が当然優先されることとなる。そこでは、多数者の利益と思われているることが、人間らしく生きる権利としての他者や自分自身の人権を結果的に奪うという場合も考えられる。つまり、人権をカタログ化するとき、人権の自己否定が起こるという問題が指摘されるのである。

では、人権は社会権の外で、国家を超えて機能するものであろうか。人権は国家に対して主張されるものでありながら、国家による保障を予定した矛盾のある存在である。つまり、人権概念自体は政治的な理念とはなりえても、直接政治を動かす力とはなりにくいのである。したがって、人権と権利を重層的にとらえるためには、まず人権を国家の中の権利ともいえる社会権に閉じ込めず、また一方では人権を理論的武器として超国家レベルのみで扱わないという柔軟さが求められていよう。

たとえば、これらの人権と権利をめぐる問題を権利条約二八条に照らして見てみよう。

**［二八条［教育への権利］三項］**

締約国は、とくに、世界中の無知および非識字根絶に貢献するために、かつ科学的および技術

的知識ならびに最新の教育方法へのアクセスを助長するために、教育に関する問題について国際協力を促進しかつ奨励する。この点については、発展途上国のニーズに特別の考慮を払う(14)。

ここで認知されている価値は、「無知・非識字者でないこと」、「科学的技術的知識」、「最新の教育方法」である。これらの価値に重きが置かれるのは、進歩主義的な開発重視の思想とのつながりが指摘されよう。

また、二九条では、子どもの人格・才能・能力を「最大限可能なまで発達させること」が「教育の目的」の第一項に規定されている。条約における「子どもの最善の利益」は、大人によって判断されている。

現在、「学力低下」の声に押され、多くの学校では、子どもの教育における自由は認められず、子どものためにという名目で社会権としての「教育」が詰め込まれている。子どもたちは、能力を最大限可能まで発達させられる日々に辟易し、ある者は、無感覚にさえなっている。これは制度化された教育の中で、社会権が自由権を食い殺しているような状況ともいえよう。人権と権利は重層的に捉えられておらず、人権の自己否定が起こっているのである。

## 4　権利条約における「教育」を吟味する

権利条約は北米・ヨーロッパ中心のものであり、技術的・実用的発想を越えていないとする批判が

ある。この見解は、前述の権利と人権という問題とは別に権利条約をみてゆく上でもうひとつの重要な観点を提供しているものであり、それは次のようなものである。

この条約では、子どもの権利をまもる二つの重要な制度が「教育」と「国家」と規定されている。（条約二八条［教育への権利］で教育が重視されるのは）経済開発のためであり、この条約は教育投資の素材としての子どもを尊重しているにすぎない。子どもの権利条約は、教育投資の原料を保護することをねらいとしているのである。

教育は現在の子どもの生活や権利の問題を解決する答えではない。（中略）ここで大切なことは、どのような方法で、社会を子どもの権利のために創造してゆけるかの分析である。そこでいう子どもの権利とは、現在子どもが置かれている状況の批判的な分析の上に構築されたものでなくてはならない。(15)

これは、一九九三年、早稲田国際シンポジウムに招かれたトロント大学のＶ・メーズマンが述べたものである。ここでは、子どもの権利をまもる手段として教育が位置づけられるのは、経済開発の要請からだと主張されている。子どもの権利論の構築というものは、子どもの現状分析から始められるべきであるというのだ。また、同様に教育の開発手段化が、世界を組織するイデオロギーとして登場してきていると警告する立場もある。

一九九〇年のタイの世界教育会議における文書には二つの問題点がある。①イデオロギー装置としての「教育」＝「人間の基本的欲求」の断定、②貧困根絶の手段としての「教育」重視であ

る。それは、教育が経済的政治的な構造の効率要因だという批判をかわし、開発の危機にある不平等階級の告発を置き去りにしようとするものである。構造的な問題をさしおいて、教育がすべての解決策や経済的政治的役割の決定機関として扱われてはならない。

同年のニューヨーク子どもサミットでも、開発途上の原因は教育不足とされている。

これらの国際会議や権利条約にはイデオロギー的なつながりがある。基本的欲求としての教育と基礎教育による人的資源開発の強調は、教育が経済発展の重要な役割を担わされていることを示す。功利主義の価値観を開発で示すことにより、教育は消費のひとつとなる。そして、人間は経済成長のために作られた資源となる。教育に解決をみようとする流れは経済の命令に世界が従う見方を合法化するねらいなのである。(16)

こうした見方は、基本的な欲求、また貧困の解決策として位置づけられた「教育」を、操作的なイデオロギーと指摘する。経済成長が中心概念となって、世界が教育システム化されてゆくというのである。開発重視のために組織され、制度化された教育は学校や家庭に結果的に支えられながら、末端の子どもたちを直撃する。家庭と子どもだけでなく、教職員たちもあえいでいる現在の教育状況は、開発重視の教育システムが作り出しているといえるのである。

列強が海外発展を支える人材づくりのために教育を利用したとコルチャックは批判したが、権利条約の教育への権利がそういったシステム形成に一役かっているとするならば、コルチャックの精神と条約には矛盾があると言わざるえない。そしてそれが権利条約のもつコルチャックの精神とは別の

「もうひとつの思想基盤」なのである。

子どもの発達権をふまえた教育のシステム化はすでに第二次世界大戦中から準備されていた。ランジュヴァン・ワロン計画が宣言した近代主義的な発達の権利にその萌芽がみられる。この計画は一九四七年七月に、フランス教育改革のためにランジュヴァン委員会から文部大臣に提出された答申である。「青年の公民的育成」のための「教育の完全な再建」に向けて定められた原則は六つに分けられる。発達保障論の原理が、この三番目の原則に見いだせる。

教育は青少年心理学と各個性の客観的研究とを基礎とすべきであろう。めいめいの子どもたちについて、その将来の才能を引き出し、それを発達させるために、子どもの人格の尊重を基盤として行われるべきであろう。(17)

その子の才能を見極めるのも、どこを発達させるかも、「研究」の成果に任せられたのである。この教育計画は、世界的な共感を呼び広がっていった。この動向はユネスコの活動に反映し、世界人権宣言の教育条項や権利条約の「もうひとつの思想基盤」の形成に大きな影響を与えたのである。

この流れの中で、子どもの学習の権利や教育を受ける権利は子どもの人権の基底だとする「人権としての教育」という考え方が強調されてきた。(18)ここでは、「人権の最も基底的なものは、生存の権利であり、幸福追求の権利」と定義されている。それを「人権としての教育」に当てはめると、幸福追求の基本的な必要条件は教育ということになる。そこには矛盾があらわれる。幸福追求の条件が教育による場合もあるであろう。だが、教育が必ずしも幸福追求の条件であるとは限らない。この議論を

めぐって、戦後の子どもの権利論は二段構えで語られてきた。

## 5　第一世代・第二世代子どもの権利論

一九七〇年代前半までは、子どもの権利といえば教育権が主役であった。一連の教育裁判が政治的、社会的争点として浮上し、教育政策・行政研究者の理論的関心は教育権に集中していた。その中で「国民教育論」は理論・運動面で支柱たる位置をしめた。

国民教育論とは、国民主権の日本国憲法とそれを実現するための教育基本法のもとで一九六〇年前後から国民の権利としての教育を国家の教育権に対する防衛として位置づけた教育論のことである。国民教育論では、国家と国民の対抗的側面、教育や教員の特殊的側面が強調された。教育権を主張するオピニオンリーダーは教師が中心であり、保護者を巻き込んだ学校増設運動や教科書裁判などの中で使われた。より良い教育をすべての子ども達に保障することが子どもの権利保障と考えられた。

戦後、都市を中心とした核家族は、「人並み」の暮らしを手に入れようと、耐久消費財を揃えるために邁進した。揃った耐久消費財で一杯になった賃貸住宅からマイホームへと移るために、多くの人々は労働と消費に向けて動機づけられた。その頃、同時に専業主婦が一般化し、一九六〇年代には、企業戦士の夫との役割分担が明確になる。一定の生活用品が揃った各家庭では、次なる目標が見えに

くなり、「消費」に人生の幸せを求め、そのための「収入」が最大関心事となってゆく。当然、我が子の未来は少しでも収入の多い暮らしを手に入れられるようにとソツなく準備することが、子どもが幸せになるための親の役目とみなされた。学歴社会の一般化に伴い、「子どもの未来」のために教育は絶対条件となった。教育権保障運動、国民教育論の基盤の確立である。

マルクスの近代批判の方法に基づき近代公教育の解明を行いつつ、国民教育論を全面的に批判した教育学者に持田栄一がいる。国民教育論を問題とした持田の理論は、現代社会の価値観に鋭く迫る問題意識を私たちに残した。

彼は、近代資本主義社会における親という存在を問い、またその親のもとでの家庭教育とはいかなるものかとつきつけ、親の教育権について次のように言う。子どもに対する親の愛情といえども歴史的所産であり、一定の社会的枠組みを通して表現されるため、「親の教育権は彼等の子どもへの私有権を意味し、子どもが元来社会的存在であるにも関わらず、その進路・教育は親の財産と私的選択に任せられ、ここに由来して様々の歪みがつくり出される」[19]という。すなわち、親の教育についての義務と権利は、近代資本主義社会における私的所有と私的分業を基礎とした教育についての親個人の私的自由を保障するものとして構成されるというのである。

一九七〇年代後半から、学校や教師による生徒の人権侵害を意味する、いわば第二世代の子どもの権利論が参入した。厳しい校則や体罰を社会問題化し、八〇年代後半から学校現場を変化させる成果をあげた。一方で、小中学生の塾通いが激増し、家庭内暴力が頻発した。すでに、成績以外で自分を

認められる感覚を持たない子どもたちが溢れていた。学歴社会という社会状況を背景に、学校現場では、教育の充実を目指せば目指すほど閉塞感を充満させるようになった。この頃から、部落差別などの問題や連帯のための手段としても、子どもの権利は用いられるようになった。

一九八九年には、国連子どもの権利条約が生まれ、一九九四年に日本が批准するまでの市民運動は学校や施設における子どもの権利侵害の対抗原理として、子どもの権利条約をバイブル的存在に位置づけた。一九九五年春、国連「子どもの権利委員会」の委員であるM・S・パイス委員訪日のとき、数々の講演と交流を終えた彼女は、日本ではどこに行っても「教育権」がとりわけ注目されているのが不思議で大変印象的であったと語った。日本の戦後史における「子どもの権利」、とりわけ「教育権」は、子どもを取り巻く大人たち、学校・施設関係者、研究者により、熱いまなざしで見つめられ続けてきた。

つまり、戦後の流れにおいて、子どもの権利論は二段構えになっている。一九七〇年代まで、第一世代子どもの権利論の代表格であった教育権は、私事の組織化ともいえる親の教育権であり、国家への教育保障という要求につながった。親の教育権要求は、高校全入運動などを通し、結果的に学歴社会が広がる土壌を支え、学校現場と家庭は偏差値にとらわれてゆくようになる。ストレスの高くなった人間関係の詰まった学校現場は、次第に暴力的になり、校内暴力、体罰などが頻発するようになる。そこで、次の子どもの権利論が登場するのである。子どもを権利主体として位置づけるという、いわば第二世代子どもの権利論は、子どもの権利条約の批准運動を契機に盛り上がりをみせた。そこでは

とりわけ自己決定が注目された。八章・九章では、この自己決定をめぐる議論について、考えてゆきたい。

## 6 結び

権利条約を材料として近代教育思想と人権について論じてきた。「人権としての教育」論では、人間を自由にするものが教育であるとされる。そしてこれこそが近代の、あるいは先進国の立場からの見方といえよう。多くの場合、私たちが自分を自由にするのは、日常の生活で他者と関わり経験する中で、自ら興味をもち、失敗したり回り道をしたりして獲得する「知」による。そして、それは他人が作る「課程」にあてはまるような効率的なものばかりではない。

長い間、国際社会では、先進国の正義が普遍性を持つものとして、それを中心に国際法が作られてきた。「教育」をキー概念として生活改善を図ろうとする論もまた、開発に価値をおく先進国のやり方にすぎない。かえって先進国は、教育を祭り上げたことから被っている、教育至上主義の病に気づく必要があるだろう。

そもそも、コルチャックの理念である子どもの社会的抑圧からの解放は、国連によって子どもの権利条約という法制度にひとつの表現を見た。そして、日本ではそれが、子どものための施設・制度の充実、あるいは教育の徹底という形に変えて、理解された。

権利条約は、ランジュヴァン・ワロン計画から導かれた子どもの発達保障をひとつの思想基盤としている。それらは、歴史的に大きな動きを作り出した。しかし、もうひとつの基盤であるコルチャックの思想は、それらが促進されることによって新たに作り出される危機を指摘するものだといえる。コルチャックの危惧はこういうことであったはずだ。子どもの発達がその当事者である子ども抜きで一人歩きするとき、またそれがシステム化されるとき、人間たちはそのシステムにとらわれ、ついには人間として生きる価値さえも見失うであろうと。

現実的には「法制度上の解決」は必要である。問題は「抑圧からの子どもの解放」という課題をいかにして法の限界と折り合わせてゆくかであろう。それはコルチャックの思想というより、それを引き継ぐ私たちの今日の課題の核心である。

すなわち、たとえば権利条約を子どもの問題に照らすとき、私たち自身がどれだけ「抑圧からの子どもの解放」を中心に、子どもたちとともに道を探せるかが、問われているのである。コルチャックの思想を基盤とした、「教育への権利」の問題性や、教育の自由について学ぶことが求められているのである。

権利条約を素材として、その精神を明らかにするためにコルチャックによる歴史的背景を踏まえた。コルチャックは近代化が世界を侵略すると近代批判を展開しており、社会的な抑圧からの子どもの解放は、当時の社会と学校批判を通して形づくられたものであり、その観点から権利条約はとらえられる必要がある。

またそれが国連や日本の権利条約をめぐる動向とどのように重なり、また矛盾するかについて考察した。そして、カタログ化された人権がかえって人権を奪う過程を論じ、さらに権利条約における社会権としての「教育への権利」についても論じた。

権利条約のもつ画期的な意味を評価しつつも、条約の「教育への権利」に代表されるように、私たちは、近代社会がいわゆる「蒙」を判断し、子どもたちに発達の方法を押しつけていると気づく必要があるのではないだろうか。また、多数者が力を持つ民主主義社会においては、私たち自身が経済開発の投資としての「教育」から自由にならないかぎり、ついには「教育」の支配に甘んじるようになるという事実も認識したい。

（1）　第一次世界大戦（一九一四－一九年）後、イギリスの児童救済基金団体が「世界児童憲章」（一九二二年）を作成。一九二三年には児童福祉のための国際機構（International Union for Child Welfare）が「児童の権利宣言」を発表し、翌年、国際連盟がそれを採択し、「ジュネーヴ宣言」（一九二四年）と呼ばれた。これは、子どもの権利が国際的規模で考えられた最初のものである。第二次世界大戦（一九三九－四五年）後作られた国際連合は、「国連憲章」（一九四五年）、「世界人権宣言」（一九四八年）を相次いで送りだした。国際的な子どもの人権宣言に、国際連合によって世界に呼びかけられた「児童の権利に関する宣言」（一九五九年）がある。これらの宣言における子どもの位置づけは社会的弱者に対する保護主義であり、主体者としての人権保障への転換は一九六〇年代から活発になる。一九六六年には、法的拘束力をもつ国際人権規約が制定された。審議過程で、ポーランドが子どもの権利に関する条文を設けたいと提案し、「市民的及び政治的権利に関する国際規約」（B規約）に

「児童の権利」（第二四条）を組み入れることになった。これは、子どもを権利主体とした条文を含んだ最初の条約となった。

日本では、一九九四年五月二二日に「児童の権利に関する条約」（以下、「子どもの権利条約」という）が発効した。この条約の批准によって、日本政府は日本の子どものおかれている状況について、国連子どもの権利委員会に対して報告をしなければならない義務を負った。

（2）季刊『教育法』九三号、エイデル研究所刊、一九九三年、七九頁。

（3）ベティ・J・リフトン『コルチャック物語・子どもたちの王様』武田尚子訳、サイマル出版会、一九九一年、一〇七頁。

（4）近藤二郎『コルチャック先生』朝日新聞社、一九九三年、四七～四九頁。

（5）平野裕二編『チルドレンズ・レポート』二二号、ARC発行。

（6）その他に、法務局に置かれている子どもの人権専門委員はオンブズパーソンとしては不十分と指摘された。また、児童虐待に対するデータの収集や子どもからの申立システムの強化、障害をもつ子どもたちの社会参加の強化、家庭、養護施設などでの体罰禁止など多くの提言がなされた。国連の勧告に法的な強制力は無いが、五年後の審査で今回の勧告が実行されたかどうかが検討の対象になる。

（7）子どものための世界サミット（一九九〇年九月）で採択された「一九九〇年代における子どもの生存、保護および発達に関する世界宣言を実施するための行動計画」によれば、同サミットへの参加国は、同行動計画を受けた国内行動計画を一九九一年末までに策定することになっていた。国内ではほとんど知らされていないが、一九九一年一二月に『西暦二〇〇〇年に向けての国内行動計画』（子供のための世界サミット」のフォローアップ）という文書が外務省によりまとめられていた。そこでは、たとえば次のように日本の状況が肯定的に述べられている。「我が国の児童を取り巻く状況は、途上国のそれと比較すると極めて高い水準にあるところ、今後もかか

る水準を維持し、更に改善するための不断の努力が求められている。これまで、教育課程の基準の設定、教科書制度の改善・充実・学級編成及び教職員定数の改善、公立学校施設の整備等により、教育の充実につとめてきており、今後とも引き続き、基礎教育の充実に努める」。

（8）参議院本会議一九九三年五月二八日児童の権利に関する条約の締結について承認を求めるの件審議録。共産党の吉川春子は、ふたつの通達の問題を指摘している。しかし、同党は子どもの意見表明及び、生徒の政治的活動について、これらを全面的に認めるという立場ではない。

（9）子どもの人権連編『子どもの権利条約対訳集』子どもの人権連、一九九二年、四四頁。

（10）高橋史朗「児童の権利に関する条約をいかにとらえるか（その一）」『月刊　高校教育』一九九三年五月号、一一四頁。

（11）同前、一一六頁。

（12）佐々木賢・松田博公『教育という謎』北斗出版、一九九二年、二頁。

（13）中川明『学校に市民社会の風を』筑摩書房、一九九一年、二一頁。

（14）子どもの人権連編、前掲書、四四頁。

（15）V. Maseman, The Life and Rights of Children:Does Society Protect Them?,（the 1993 Waseda International Symposium), 1993.

（16）Daniel Morales-Gomez, Is Basic Education for All a Solution to the Developement Crisis of the 1990's ?, Canadian Journal of Development Studies, Vol.12 Nov.1, pp.39-58.

（17）「フランス教育改革のためのランジュヴァン＝ワロン計画」『季刊　国民教育』一九七一年秋季、第一〇号。

（18）堀尾輝久『現代教育の思想と構造』岩波書店、一九九二年、三七七頁。彼は国民の教育権の確立を中核とした教育論や教育運動論を展開してきたが、この見方への批判として、「教育権の保障が同時に教育支配の実現で

あるような公教育のもとで生起する問題領域において、教育運動をとらえることが必要である」（岡村達雄編『教育の現在、第三巻、教育運動の思想と課題』社会評論社、一九八九年、一七頁）ということをあげておきたい。教育権の保障を主張することで成立する近・現代批判は、他面では、皮肉にも教育支配の実現を支え、近代化を促進しているのである。

(19)　持田栄一『学制改革』国土社、一九七三年、一八〇～一八一頁。

# 第八章　誕生時の「自由保育」の意味

## 1　問題の所在

新教育運動はその思想が明治三〇年代に欧米から日本に入り、保育現場でも、自由保育、児童中心主義、自発を重んじる生活保育などの思想が、一九二〇（大正一〇）年前後に開花した。確かに、自由保育には、欧米からの影響が明らかであったが、それは単なる受容ではなく、影響を受ける土壌がその時期の日本の保育に生まれつつあった。一九一一（明治四四）年七月には、小学校令施行規則が改正され、「幼稚園に於ける保育事項等を小学校に於ける教則其の他の如く画一に規定するは却て保育の進歩発達を促す所以にあらさるのみならす往々にして保育の本旨を誤るの虞なきを保せす」と定められた(1)。その施行規則改正を受け、幼稚園ではそれぞれに保育の改革を模索し始めた。

政治的には、大正期は明治初期の自由民権運動に次いで民衆の政治的要求運動がもっとも高まった時期である。一九一四（大正三）年から一九一九（大正八）年まで、第一次世界大戦が勃発し、日本資本主義の発展に伴っていわゆる市民的中間層に安定した生活が可能になった時期でもある。自由教

育をめぐる議論もまた、「明治のおわり（四〇年代、一九〇七年以降）から大正前期（一九一八年）にかけて、あきらかに大正デモクラシーの潮流の中であらわれてきた」[2]といわれる時期にはっきりと展開が始まる。

大正時代の保育内容をみると、恩物による形式的な保育が減り、自由遊びや戸外保育が多くなっている。また、新教育運動の影響により、幼児中心の保育をする園がみられるようになり、保育方法に対する新しい試みも盛んになされた。大正中期以降に繰り広げられる学校における新教育運動より一足早く、子どもへの認識を新たにした点で、保育は一般的な小学校のような集団管理教育とは異なった道を歩み始めた。また、幼稚園は、学校組織と同じように文部省の管理下にありながら、保育人口の比率が低いという点で重視されていたとはいえない。たとえば、一九一六（大正五）年の幼稚園就園率（五歳児）は、二・四％であり、同年の学齢児童の就学率の九八・六％と比較すると、一般の幼稚園への関心はまだまだ低かったことがわかる。[3]

研究史上の大正自由教育の評価は、戦後しばらくは「明治教育に対するアンチテーゼ」として捉えられた。しかし、梅根悟は、「帝国主義の展開期に、それを基盤とし、その要求に呼応して生まれた運動」[4]と把握し直した。また、玉城肇も大正期の自由教育は「帝国主義の段階にはっきりとふみ込んだ日本の資本主義が養成した教育」[5]と捉え、真に民主主義的なものではなかったと結論づけた。

いっぽう、海老原治善は、大正自由教育運動に帝国主義的要請を認めつつ、それが明治教育＝絶対主義イデオロギー性の批判をもって立ち現れたとみた。[6]中野光は、大正自由教育における「私たちに

とっての問題は、自由教育に於けるデモクラティックな側面がなぜ発展させられることなくファシズムの教育と結びついていったか[7]」と問題を焦点づけた。さらに中野は、大正自由教育運動の教育方法の「近代化」に果たした役割について注目した。また、池田進は「僅か三〇年の間に何の抵抗も示すことなく、自由主義から戦争ナショナリズムに転向して行った民主主義など、思想史的には実にはかなき露草のようなものだった[8]」と批判した。

本研究は、中野の、自由教育がなぜファシズムの教育と結びついたのかという注目領域に関わる。大正期の新教育論のほとんどを通して見られる強調点は「個の自立」であった[9]。それでは、「個の自立」はいかに保育の中に組み込まれたのであろうか。そこで、大正期の児童中心主義の思想が保育方法の「近代化」に果たした役割を検討し、近代保育思想の特徴の一端を考察したい。

方法として、本章では、一八九七（明治三〇）年に設立された京都・大阪・神戸三市の保育会の連合体である京阪神聯合保育會（以下、京阪神連合保育会とする）発行の『京阪神聯合保育會雜誌』より、園長や保母の声を拾い、自由保育をめぐる意見の傾向を分類し検討する[10]。

京阪神連合保育会は毎年一回、三市が交替に大会を開催し、会員一同の研究発表および各地区保育会提出の問題協議を中心に、会員相互の向上発展に寄与し、保育団体の中ではもっとも活躍し注目された保育団体であった。毎回の大会には、三市の会員六〇〇―七〇〇名の他、他府県からも傍聴する者があり、総数七〇〇―八〇〇名を数えた[11]。一九九七（明治三〇）年一〇月一六日、大阪市保育会開催の折、神戸よりエー・エル・ハウ女史、小磯ひで、高濱せん、和久山きそ、高橋ゆき、京都より村

瀬よね、司馬のぶらと共に三市連合保育会創立が決定された[12]。第一回の三市連合保育会で、『京阪神聯合保育會雑誌』(以下、『保育会雑誌』とする)の発行、配布が決議され、第一号は一八九八(明治三一)年七月三一日に発行された。

『保育会雑誌』上では、モンテッソリー法導入をきっかけとする大正二(一九一三)年に早くも自由保育をめぐる議論が見られる。自由保育の議論にアメリカの影響がはっきりと導入されるのは、一九二一(大正一〇)年三月、『保育会雑誌』四五号で、奈良女子高等師範学校教授、森川正雄が「最近幼児教育の趨勢」と題して、「自由方案(非形式方案、プロゼクトメソッド、創造教育案、問題解決主義など)の利害」についての発表以降である。

本章では、とくに、一九一三(大正二)年七月発行の三一号から、アメリカ教育学の影響以前の一九二〇(大正九)年六月発行の四三号までの七年間の保母の議論を『保育会雑誌』における自由保育論の誕生期とみなし、その時期を中心に考察を進める。

## 2　自由保育をめぐる保母の議論

### (1)「子供に権利をもたせてやる」

神戸幼稚園保母、志賀末は、「保育の経験の一つ」という一文の中で、神戸幼稚園の保育実践の具体的な変革について書いている。一九一八(大正七)年九月の始めより、「全く幼児其の者を中心と

して彼等の内より起る活動的自発的の要求を真に理解してやってその要求をみたし且亦純潔な子供達の本性を発揮させる様にということを主眼として細かい案をたて、毎日保育して見ました」。「今まで一定時を定めて毎日幾度も打って居た鐘を止め」、「お室にある凡ての玩具は自由に貸してやって、それで遊び度いと思ふ間遊ばせそれに倦みて外のものが欲しいと思へばそれを貸してやりました」。ある時、とても騒がしかったとき、保母達が黙って待っていると子供達の中から声が出て、静かになった経験を述べ、「此の時の状態はきわめて自然的で其処には少しの無理もなければ命令の言葉もない制限もない全く彼等の自発的要求と自制の結果でございました」。そこで、志賀保母はこう感じたという。「子供にも自治の精神があるのではなからうか」。子どもの間に自然に出来た制限は彼らにとって効果があり、「子供に権利をもたせてやる様にいたして見ました。すると子供は自分の責任といふものを大人の様に意識してその仲間を統一し導かふとするのか分かりませんが、なかなか責任をもって其の日一日は自分の目に見えることでこれはと思ふことは自ら進んで致します[13]」。このように志賀保母は、自由保育を子どもの権利と責任の関わりに結びつけて発表した。この志賀保母の実践は、現代の一般的な児童中心主義の考え方と重なる部分が多い。しかし、大正期の保母の議論で、こういった子ども観はほとんど見られない。それでは、どのような自由保育の捉え方があったのであろうか。

### (2)　議論の発端

まず、はじめに自由保育の議論の発端をみたい。

恩物に取って代わって現れたモンテッソリー教育は、神戸幼稚園が中心になり、日本の幼児教育に受容された。一九一三（大正二）年以降は神戸幼稚園が器具の貸し出しも請け負い、京阪神の幼稚園から全国へと広まっていった。同年二月七日を皮切りに、「モンテッソリー科学的教育学講習会」も神戸幼稚園で開かれた。講師は神戸女学院教師、横川四十八で、週二回、全課程八回で修了とした。出席者は毎回一三〇名を超え、岡山、明石、大阪より、小学校や一般家庭からも聴講者が集まり、修了証も発行された。大阪市からは、毎回三、四〇名の保母が参加した。「神戸市のみならず大阪市も亦之が為に多大の刺激を受け将来両市提携して斯道のため大に研究するの因を作れり[14]」と記録にあり当時の保母達の熱心さが見て取れる。自由保育へ保母たちの興味が向けられるきっかけは、一九一二（明治四五）年に倉橋惣三が初めて三市連合保育大会で行った「幼児教育の新標目」という講演であった。

自由保育に関して、一九一三（大正二）年五月二五日に開かれた第二〇回京阪神連合保育会での研究題「保育上の自由主義を採用せらる、実験談を承りたし」の下に議論の場がもたれた。この研究題は、京都市保育会から提出され、「自由主義とは、自発活動を尊重して一斉保育を廃し幼児をして自由に活動せしむるにあり」と説明されている。ここでいう「自発活動」は、幼児が自由に活動することを示している。さらに加えて、「実際に行って見て少し計りの経験と自信とを持って居る」という「京都市の小畑君」が、次のように実験談を発表した。

「会衆後各室を開放し或る室は積木或る室は石盤をと云ふ具合に又或る室は種々の恩物を取り

交せてと云ふ風に自由に何れへなりと入って遊ぶ事の出来るやうにしてあると幼児は自分の要求する室に入りて自由に遊ぶ[15]」。

その経験談の後、自分の園での経験が交換された。

「余り自由〳〵と云いて真の自由ならざる時は却て意志の鍛錬の上に害を及ぼすと思って一日一回位に止めて居るとの意見あり」(神戸市日野[16])

「私の園では何も彼も自由にさせるのは害があると思ひ〳〵一日一回位やらせて居る、又往々自由保育と一斉保育との意味を取違へて居る者があると思はれる、自分の方ではたとひ一定の時間内一室に入れても又たとひ材料は一緒であっても製作を思ひにさせるから幼児に取っては自由である、(中略)昨年倉橋先生のお説により一日中一時間丈自由に遊ばせるやう試にやって見たらその結果は幼児に怠惰の習慣を生じたやうに思ふので一日中午前では一〇時より一一時迄の間に一五分間と午後の食後に三〇分とを自由になさしめ、他は一切遊戯や室内保育で良好なる結果を得て居るといふ方向の新なる説出来れり」(大阪市三宅[17])。

これらの議論を見ると、誰でも彼でも「自由にさせるのは」「意志の鍛錬の上に害を及ぼす」あるいは、「怠惰の習慣」が生じることを危惧し、保母の関心は自由保育を一日にどれ位するのかという点に寄せられていることがわかる。

大阪市東区愛珠幼稚園長の稲葉うめは、『保育会雑誌』に「保育と外遊」という一文を寄せている。稲葉によると外遊とは幼児の自由遊びを指す。「父母の膝下に、天国を見んとするの厭世家には」、

「欲望を満足せしめ得る次第成れば、強ひて之を止めんよりは、宜しく其の意を自由にせしめ、自由より安心を生ましめ、安心より厭世の心機を一転[18]」させると言う。自由が子どもにとって必要であるのは、それが「安心」を生み、気持ちを前向きにさせるからだと説明されている。自由保育を行う時間の限定が問題にされることが減り、積極的に各園にその方法が取り入れられるようになるのはこの頃からである。

一九一五（大正四）年五月一六日の第二二回京阪神三市連合保育会において、「各園に於ける園外保育の実際を承りたし」という協議題が提出された。

京都の森谷保母は次のように言った。

「保育の方法は、神社仏閣に参りましては敬虔の念を養ひ、（中略）同じ位の幼児が沢山広き場所で心のままに愉快に遊びますから自ら共同、従順、規律、忍耐などの徳性を養ふことが出来ます[19]」。

神戸笹山保母は、幼稚園近くの野原に連れて行って、子どもを「全く自然の中に置いて、少しも刺激的又は干渉的なことはいたしません[20]」。

大阪三宅保母はこう述べた。

「何処へまいりましても野原の風景を見せたいとか、海の景色を見せたいとか思ふことがありますけれども、子供の気の向いた時でなければいたしません、子供が尋ねてくれたら保母の方でも話をしますけれども、此方から一定の目的を強いないことにいたして居ります[21]」。

これら三保母は共通して、子どもの「心のままに」「気の向いたときに」、大人は「干渉的なこと」はしないで、「一定の目的を強いない」点を強調した。

また、大阪江戸堀幼稚園の膳タケは、『保育会雑誌』にもたびたびその名前が登場し、寄稿なども含めて活躍した。膳は、「幼児の知的活動に対して無制限的自由主義をとり、他人の干渉束縛を厳禁し幼児の自己教育を唱導」することを主張した。[22]

### (3)　自由放任の否定

これまでの論調は、子どもを中心にして、自由放任な保育方法が肯定的に述べられている。ところが、その自由放任は、倉橋惣三によってはっきりと否定された。一九一七（大正六）年一月発行の三八号には、文部省保母講習会の報告が、大阪府女子師範学校より命じられ出席した田村保母の筆により掲載されている。

倉橋惣三による保育方原論の講義が一四時間。

保育法の原則

（一）自発的なるべし

1　幼児の純自然的生活の豊富 ─┐
2　幼児期の自由 ─────────┼─ 自発原理の基礎
3　自己発達 ──────────┘

自発生活を分かちて

イ、形式的方面（他動的ならず自由なること）

ロ、内容的方面（生活の内容に本能と衝動との加はること）

自発的ならしむる方法

甲、干渉

1他人が干渉すること

2全生活の総和が干渉すること

3自己が自己に干渉すること

乙、放任

放任は却って自発活動を害するものなり

要するに幼児をして自己発展せしむるには適当の誘導と統制とをなさゞるべからずか、る意味に於ける干渉は保育に於て必要なりしかして自発は偶然的ならず究極は意にあるなり。(23)

このように、「放任は却って自発活動を害する」と主張された。その後、望月クニも放任主義を問題にした。神戸幼稚園の望月クニは、明治末期から大正期にかけて京阪神連合保育会をリードし、全国保育会の中心勢力として活躍した人物である。

一九二〇（大正九）年一一月一四日、京都市公会堂で開催された第二七回京阪神連合保育会では、

神戸市保育会が「幼稚園時代の教育に於て主力を注ぐべき点如何」という研究題を提出している。研究題説明の中で、望月は、京阪神連合保育会発足の理由について語っている。

「今から四〇年ほど以前幼稚園保育が始められた当時は独逸米国等の風を真似て居て国情の変つたそれ等の国々のやり方を遠い我国而も性情の変つた我国の幼児に強いていたやうな形でありました。所が此風がすたれて放任主義を採るやうになりましてから幼稚園は不振に陥りこの重大な教育が等閑視される傾となりました。そこでこの三市連合の必要を認め相互の協力によりこの弊をのぞきその発達を期する為に本会の創立を見るに至ったのであります」。

望月は連合保育会発足の理由をこのように説明した。放任主義の幼稚園教育が幼稚園を不振に陥れ、それを打破するために本会は創立したというのである。(24)

折しも、自由の価値は認められるようになりながら、自由放任に替わる保育が求められた時期に、一連の経験主義や生活を重視する教育学が紹介された。すでに米国の幼児教育の主流は、一九一〇年代頃から、経験主義哲学に基づく教育学の影響を受けていた。(25)

まず、四四号では、奈良女子高等師範学校教授、森川正雄が「最近幼児教育の趨勢」の中で、「自由方案（非形式方案、プロゼクトメソツド、創造教育案、問題解決主義など）」を論じた。(26)森川は、デューイ（John Dewey）やキルパトリック（William Kilpatrick）やスタンレー・ホール（Stanley Hall）の影響を受けていた。

四五号では、冒頭にシカゴ大学教育学校をあつかったスクールジャーナル誌の記事が大阪市視学、

村田次郎の訳によって、「幼稚園に於ける社会的生活の方案（プロジェクト）」として紹介された[27]。とりわけ、一九二三（大正一二）年六月、『保育会雑誌』の四六号にて口絵に写真入りで紹介された大阪市視学・山桝儀重の「欧米幼稚園視察記」は幼児教育の潮流がアメリカへ転向しつつあることを末端会員にまで知らしめたと思われる。

実は、生活主義保育は早い段階で主張されていた。一九一四（大正三）年一一月八日に、開催された第二一回京阪神連合保育会で、京都文科大学教授の小西重直が、「幼児保育の方針に就いて」という講話をし、今までの幼稚園の保育に現れてきた主義の変遷について話している。「家事的保育主義」に続く、「自由遊戯に関する主義」、「是は、最近に於ける児童心理学の研究の方から促されて来たものであらう」として、「所謂、自由遊戯主義」を説明している。「成るべく子供は子供らしくやるのが宜い、丁度今の家事主義とは正反対の考えであつて、子供に子供らしくない仕事を強いては可けない、子供は自由主義でやるのが本当である、（中略）即ち此主義に依る幼稚園の保育法は何うするかと云ふと例へば恩物でも手技でも、其他色々な玩具を持って来て、子供が勝手に夫れを持って遊んで居る、又一定の時間などを更に設けず、全く個人的の興味に任して置く、総ての事を皆子供の個人的興味に委して、たゞ保母は夫れを見て、悪い場合には幾らか指導してやると云ふだけで、総て子供は自分の個人性の趨く所に依って何かやつて居ると云ふのである」。彼は自由遊戯主義というのは「個人的バラ」になる傾向があるため、「フレベールの幼稚園を作つた趣旨にも余程遠ざかつて居る」。「私は各方面から見まして自由遊戯主義と云ふものを幼稚園の保育主義とすることは出来ないと考へて居る」

と述べた。その上で、「生産的意味」を含む「遊戯生活主義」を提唱し、「拍手大喝采」を浴びたと記録されている[28]。ここではすでに、「自由遊戯主義」に替わる保育として「遊戯生活主義」が提案されている。

これまで見てきたように、京阪神連合保育会では「自由教育」の理解をめぐって、現場の保母たちが日常の具体的な保育実践を持ちよった。これら『保育会雑誌』にみられる「自由保育」をめぐる議論の流れは自由遊戯→放任批判→生活主義へと動いていることがわかる。次に自由遊戯から放任批判への流れにみられる議論を検討したい。

## 3　時局の影響――競争に勝つための自由教育

一九一四（大正三）年一一月八日に行われた京阪神連合保育会の一〇分間談話で、神戸の日野きよ子保母は、次のように述べている。

「自由活動と我儘とは判然区別せねばならぬと存じます」。「我々教育者が幼児の自発活動を尊重致しまして、積極的に完全な身体を造るやうに考慮致しまするることは必要でございますが、併し精神的方面に於きましても、以上申し上げました点に十分注意することは、近時生存競争の劇しい社会的状態から考へて見ましても愈々其の必要を感じて来て居るのではございますまいか[29]」。

次の一文は「男子と保育」と題した新聞記事である。後に「家なき幼稚園[30]」を創設する橋詰良一氏

が、まだ大阪毎日新聞の記者であった時のものであり、『保育会雑誌』に抜粋・掲載された。「女性化したる園児は動もすれば女のように神経的となり、早熟性となり、非男子的となつて、著しく自治、自裁の精神と耐忍、奮闘の意気を消沈せしむる傾きがある[31]」。ここでいわれるところの「自治」は、訓育といった色合いを帯びていることが見て取れる。

また、お伽噺作家として日本の児童文化に大きな貢献をしたペンネーム「巖谷小波」こと巖谷季雄は、次のように述べ「積極性」の重要さを主張した。

「明治大正となつて世界の人間を相手に之れと競争していかねばならぬ（中略）意気地のないことを云ってると外から元気のいゝ欲張り者がドンドン遠慮なく喰ひ入って繰るそれでは到底立ち行かぬウンと欲張りの出しや張りで総てが積極的の人間でなくてはならぬ黙つて我慢している土台石（意志）よりは上からグイグイ圧迫する漬物石（意思）でなくてはならぬ…積極的に進んでいて之れに含まれた精神が明治大正の子供に必要であるからである[32]」。

さらに、モンテッソリー法の研究で当時の保育界に影響を及ぼし、後に発行される『八大教育主張』（大正一一年）のなかで「自動教育論」を展開する河野清丸の論考が『教育時論』から抜粋され掲載されている。

「今や日本は世界の日本である戦後に於ける政治経済並びに一般文明上の競争地は果して何地に移らんとするか吾人日本民族は之を対岸の火災視するを許すや否や（中略）此の競争に勝つの道如何唯力ある国民パワフルなるエフシェントなる国民を措いて他に之を求むることは出来ない

而して是等国民を養成するの道は一に自動教育に頼るの外なきを思へば門氏の研究亦一日も之を忽にすることは出来ないと思ふ」[33]。

ここでは、国民を養成する道としてモンテッソリー教育が論じられた。これらの思潮の背景には、第一次世界大戦に参戦した時局の状況が反映していよう。それは、互いに遊戯や歌を紹介しあう「保育会提出遊戯及び歌曲」に戦争にまつわる歌詞がこの時期に多くみられるところからも分かる。河野は、「自動自治」の主張から自由主義の方法を重視し、モンテッソリー法を評価したのだが、それは「社会的訓育」の領域で捉えられていた。

これらの議論は、児童中心主義の考え方とは、異なる方向へその鉾先を向けようとしていた。すなわち、これは「訓育的自発」といった考え方を内包していたといえよう。時局の影響が「訓育的自発」を生む側面をみてきたが、果たしてそれは「有事」と結びついた時にのみ現れてくるものであろうか。

## 4　「自発活動」の認識

望月クニは、保育者が「あまり口数を利かず側に控えていて専ら児童中心主義」を取り、「児童に自制自決の習慣を与へる」ということをモンテッソリー主義を論ずる中で力説した[34]。望月は、すでに一九一三（大正二）年七月の三一号紙上で、「自由」と「自発活動」を区別して説明している。

「自分は常に自由保育と云ふものに疑ひを持って居る、幼児の自発活動と云ふものは一斉保育

にするから、放任にするからと云ふ事によるものではない、そこで自分の園では先体育を重んじ一週に一回必ず諏訪山に登りその往復には列を組んで歩く又常に一時間毎に鐘を鳴らして時間制度にして居る、時間を切らないのが自由でもなければ放任でもない、近頃自由と云ふものに捕はれないやうにせねばならぬ、唯最も重んすべきは幼児の自発活動である」（神戸市望月）[35]。

このように望月は、最も重要なものとして幼児の自発活動を位置づけた。

一九一四（大正三）年一〇月一〇日、南区精華幼稚園で行われた第三七回大阪市保育会総集会では、「各園に於ける園外保育の実際を承りたし」という協議題が設けられた。北区の森本保母が、「保育者の側よりは幼児の自由尊重が大事であると云ふ事を頭におきすぎて返つて放任に流されるおそれがあります、遊戯具の取扱が余り系統的に拘泥して子供の自発活動を抑制する事があります[36]」と語っている。

一九一七（大正六）年六月一〇日、京都公会堂に於ける第二四回京阪神連合保育会が開会された。「一〇分間談話」では、毎回各方面からの声が寄せられた。京都、清水保母「幼児の自発活動を重んずべきこと戦後の教育に於て特に必要なるものあるべし。設備の完成を期するは勿論、綿密に彼等の実生活を観察して適当なる環境を与へざるべからず[37]。

また、一九一八（大正七）年四月二〇日に大阪西区靭幼稚園で「フレーベル先生祭典」も兼ねて開催された第四四回大阪市総集会では、「自発活動の尊重」と題して櫻井保母が話した。櫻井はフレーベルの言葉を引用して、「厭迫は奴隷心を生じ規律は盲従を生じ厭制は児童の天性を破壊し又之を卑

屈ならしめ厳正と峻刻とは強情と不誠実とを生ぜしむる」様な結果になるのは私共が自発活動を尊重しないためでありませう」と述べ、「どんな立派な保育案も又誘導も自発活動を没却しては決して何等の価値なきもの」と続けた。[38]

これらの議論ではいずれも「自発活動の尊重」が強調された。

この傾向は、幼稚園の「保育要旨」にもみられる。京都市豊園幼稚園では、一九一八（大正七）年の「保育要旨」中の「躾方の要旨」に「幼児を指導する際には先づ第一に幼児が自ら要求する機会を与ふるか或は其の機会を作る事を要す、複雑なる実習は各自の個性に応じ適当に分解し常に幼児に其の事に興味を持たしむる事肝要なり」と記され、「幼児が自ら要求する機会を与ふるか」あるいは「其の機会を作る」必要が規定されている。[39]

このように、放任批判の上に自発活動を尊重する「自発活動の価値化」が盛んに論じられるようになった。

ところで、一九一七（大正五）年八月に開催された文部省保母講習会の報告の中で、文部大臣の訓辞の大要が記されている。[40]

前年開催の全国保育関係者大会に其端緒を開き幼児教育の改善に及ぼしモンテッソリー女子の新教育を批評し幼稚園教育の立脚地を明にせられたり即幼稚園教育は小学校教育の準備をなすに非ずして幼児教育それ自身の目的を達せんとするにあり

幼児教育それ自身の目的とは

1　共同精神の涵養
2　自治自働の習慣を附すること
3　特に身体教育に重きをおくこと

ここでは幼児教育の目的として、一番目に「共同精神」、二番目に「自治自働」が挙げられた[41]。一方、一九一八（大正七）年、倉橋惣三を中心とするフレーベル会は各地の代表的な幼稚園を選んで幼児訓練の標的という題で回答を求めた。その目標の第一位には「自主独立」が挙げられ、第二位が「従順」であった[42]。すなわち、明治から大正の旧方法から新方法への過渡期にあって、「自主独立」と「従順」という両課題の価値が同時にめざされていたという状況がみられるのである。

この傾向は保母達の議論からも見て取れる。実際には、自由保育を深める議論というよりも「自制自決」であるとか「自発活動」といった言葉が先行し、子どもの積極性が保育の「目的」とされることが多かった。

## 5　結　び

以上、『保育会雑誌』に収録されている保母の議論を中心に、自由保育思想誕生期の子ども観についてみてきた。

まず第一に、一九一〇年代の関西周辺の保育思想が、自由放任からその批判、そして生活保育へと

いった流れをたどっていることが考察される。次に、その流れの中で、保育思想変革の特徴として、自発活動すなわち、子ども中心に活動を行わせる保育方法と、それによって育つ積極性・独立心が注目された。

そもそも「訓練方法に共通する著しい特徴は、『上から』決められた目標に向けて子どもの行動様式を規定していくこと、そのかぎりで子どもの自発性や自立性は無視してしまうこと(43)」であった。しかし、「新学校がいずれも一方では子どもの自治と自由を尊重しながらも、他方では厳しい鍛錬主義をとったこと(44)」や「野村芳兵衛は、次の世代に譲り渡すべき文化遺産を『学習』させることを教育の重要な任務として捉え直し、『自治的訓練』の必要性を強調した(45)」という近代的訓育論が保育現場においてはみられなかったのであろうか。

保育現場では、子どもの自発活動の価値化は、保育方法の改良に結びついた。ところが、大部分の議論は保育の変革を方法の改良に限定し、方法に関わる意味の問い直しにまでつながらなかった。したがって、自発活動の価値化は一方では、それ自身が「保育の目的」となったのである。さらに、ここでは、自発活動の価値化が放任批判とともに盛んになった点に注目したい。放任批判のベクトルは、当然のことながら干渉へと向かう。そういった傾向での自発活動の価値化は、自発活動という保育目的に向かって干渉するという保育方法を取らざるえない。つまり、自発活動に価値をおく保育方法は、「自発活動」への干渉という近代的訓育論から逃れることはできなかったといえるのである。

大正期児童中心主義の思想が「近代化」に果たした役割として、「個の自立」の強調があったが、

保母達の実践において自発活動を「保育目的」と位置づけたという状況は、近代の子ども観をめぐる思想と歴史の中に新たな問題を投げかけている。

(1) 文部省『幼稚園教育九〇年史』一九六九年、一〇七頁。
(2) 中野光『大正自由教育の研究』黎明書房、一九六八年、一二～一九頁。
(3) 文部省『幼稚園教育一〇〇年史』一九七九年、八二六頁。
(4) 梅根悟『世界教育史』光文社、一九五五年。
(5) 玉城肇『日本教育発達史』三一書房、一九五四年。
(6) 海老原治善「日本資本主義社会の発展と教育運動」『講座　教育』青木書店、一九六〇年。
(7) 中野光、前掲書。
(8) 池田進・本山幸彦編『大正の教育』第一法規、一九七八年。
(9) 石附実「大正期における自由教育と国際教育」池田進・本山幸彦編、前掲書、五五二頁。
(10) 一九二五（大正一四）年の文部省調査によると、幼稚園数が六〇以上の府県は東京、大阪、兵庫の三府県であり、幼稚園が大都市に発達していたことがわかる（文部省『幼稚園教育一〇〇年史』一九七九年、一三〇頁）。
(11) 倉橋惣三・新庄よしこ『日本幼稚園史』フレーベル館、一九五六年、四四〇頁。
(12) 京阪神聯合保育會『京阪神聯合保育會雑誌』一号、明治三一年七月、二七～二八頁。
(13) 同前、四二号。大正八年、一二～一五頁。
(14) 同前、三一号。大正二年七月、五八頁。
(15) 同前、三四～四一頁。

(16) 同前、四一頁。
(17) 同前、四三～四四頁。
(18) 同前、三四号、大正四年二月、三五～三七頁。
(19) 同前、三五号、大正四年七月、四七～四八頁。
(20) 同前、四八～四九頁。
(21) 同前、五二頁。
(22) 「関西保育界とモンテッソリー女史教育思想」同前。
(23) 同前、三八号、大正六年一月、六四～七〇頁。
(24) 同前、四四号、大正一〇年三月、二四～二五頁。
(25) 聖和大学『聖和保育史』一九八五年、一二一頁。
(26) 『京阪神聯合保育會雑誌』四四号、五～九頁。
(27) 同前、四五号、大正一一年三月、一～五頁。
(28) 同前、三四号、一～二〇頁。
(29) 同前、六三頁。
(30) 一九二一（大正一〇）年五月に大阪に開かれた園。園舎のない幼稚園で野外保育を行った。以後、六つの家なき幼稚園を増設した。実際には中間層の家の子が圧倒的に多く、自然保育が充分展開されたというわけではなかったという。
(31) 『京阪神聯合保育會雑誌』三一号、大正二年七月（大阪毎日新聞より抜粋・掲載）。
(32) 「お伽噺に現れたる時代思潮」同前、三三号、大正三年七月。
(33) 「モンテッソリー教育法の功罪」同前、三六号、大正五年二月。

(34) 文部省普通学務局『全国幼稚園関係者大会記録』大正五年三月。
(35)『京阪神聯合保育會雑誌』三二号、四二頁。
(36) 同前、三四号、九六頁。
(37) 同前、三九号、大正六年八月、四四頁。
(38) 同前、四一号。大正七年八月、八一頁。
(39) 文部省『幼稚園教育一〇〇年史』一九五九年、一五九～一六〇頁。
(40)『京阪神聯合保育會雑誌』三八号、六四～七〇頁。
(41) 森川正雄は『幼稚園の理論及実際』(大正一三) 年で「旧方法では服従が第一の徳とされたが、新方法では自為自奮が重要なものとされる」と述べた (日本保育学会『日本幼児保育史』第三巻、フレーベル館、一九六九年、二〇五～二〇九頁)。
(42) 文部省『幼稚園教育九〇年史』一九六九年、一一二頁。
(43) 中野光、前掲書、七四頁。
(44) 同前、九五頁。
(45) 中野光「教育改革の思想」中野光・志村鏡一郎編『教育思想史』有斐閣、一九七四年、一七〇頁。

# 第九章　「自己責任」が招く疎外――教育政策の現実

「自分のことは自分でしなさい」、「他の人に迷惑をかけない」。これらは、ごく一般的に私たちが耳にし、子どもたちにも何気なく使う言葉である。「主体性」[1]、すなわち、他の人の力を借りず自分一人の力で行う、という価値観は、子どもを一人前に扱いその意志を尊重するという、新しい大人と子どもの関係を開いた。人が自らの主体に目覚め、状況を変革してゆくという行為が「主体性」の名の下にイメージされ、近代性を輝かした。

今日の子ども観には、子どもの「主体性」を重視する傾向がますます強まっている。そこでは、子どもの「主体性」は次のように説明される。今の子どもたちには、自分で判断して行動するという機会が余りにも少なすぎる。子どもたちには、自分で考えたり、何かを自分で積極的に選択する場をもっと提供すべきである、といったものである。これは日本では、八章で扱った大正期の児童中心主義の中で登場した思想であり、子どもの「自発活動」が注目された。

法制度においても、子どもを一個の法的人格とみなすことが主流である。また、現在の教育標語は、親は子どもの欲求や願いを察知し理解し尊重すべきであり、端的に言えば「ゆりかごの頃からデモク

ラシーを」[2]と言う。ところが、同時にこのような子ども観は、時には「意志は尊重するから責任は自分自身でとりなさい」、つまり「自己責任」という冷静な関係を成立させた。

次の指摘は、教育政策における「主体性」の問題は公教育組織化の新しい観点である、というものである。「新しい観点は、よく知られた臨教審の生涯学習体系の確立というスローガンを例にひけば、人間形成を価値の高見から啓蒙的に論じるのではなく、むしろそれを『主体的』個人の自由な選択に委ねる。つまりは個人が立脚する社会意識上に放任し、その意識形成の基盤がコントロールされることによって間接的に理想的人間が生み出されると、極めて楽観的に考えている。やはり、このような議論の登場は国家による公教育の組織化に対する新しい観点だと位置づけておく必要があるだろう」[3]。

そこで本章では、子ども政策における主体性という問題を契機として、「主体性」概念がどのような歴史的背景と社会的現実の中で展開してきたかについて考察する。後半では、主体性をめぐる子ども観の論点というミクロの視点と子どものおかれている状況というマクロの視点とを関連づけて考えこれからの教育政策の展望を探りたい。

なお、この論考をまとめるに至った問題意識は、次の二点に立脚する。第一に、子どもの問題を主体性で解決してしまおうとするアプローチがはらむ危険性。第二に、子どもの権利論を法制解釈論から解放し、政策を論じる場合の「中核的課題」[4]として位置づける可能性と限界、である。

## 1　現代の教育政策にみる「主体性」

第一五期中央教育審議会（以下、中教審という）は、一九九五（平成七）年四月、文部大臣から「二一世紀を展望した我が国の教育のあり方について」の諮問を受けた。本審議会は、総会における議会を経て、一九九六（平成八）年七月一九日に、第一次答申を取りまとめた[5]。構成は「第一部　今後における教育の在り方」、「第二部　学校・家庭・地域社会の役割と連携の在り方」、「第三部　国際化、情報化、科学技術の発展等社会の変化に対応する教育の在り方」に加えて、「今後の検討課題」から成る。

本答申では、二一世紀の初頭に完全週五日制を実現することを明記し、教育の基本方向として個性重視の考え方に立って、「生きる力」を育むこと、いじめ・登校拒否問題への柔軟な対応を行うこと、さらには学校・家庭・地域社会の連携をすすめ家庭や地域社会の教育を充実することを提言している。その特徴は、「生きる力」をキーワードとし、子どもの「主体性」や「自主性」に価値がおかれている点にある。では、本答申のとくに「主体性」に関わる文脈についてみてみたい。

第一部の「今後における教育の在り方の基本的な方向」では、「これからの子供達に必要となるのは、いかに社会が変化しようと、自分で課題を見つけ、自ら学び、自ら考え、主体的に判断し、行動し、よりよく問題を解決する資質や能力であり、また、自らを律しつつ、他人とともに協調し、他人

を思いやる心や感動する心など、豊かな人間性であると考えた。たくましく生きるための健康や体力が不可欠であることは言うまでもない。我々はこうした資質や能力を、変化の激しいこれからの社会を［生きる力］と称することとし、これらをバランスよくはぐくんでいくことが重要であると考えた」と示されている。

「これからの学校教育の在り方」における「育成すべき資質・能力」についてはこういう。「他人を思いやる心、生命や人権を尊重する心と、自然や美しいものに感動する心、正義感、公徳心、ボランティア精神、郷土や国を愛する心と、世界の平和、国際親善に努める心など豊かな人間性を育てると共に、自分の生き方を主体的に考える態度を育てること」。このように、これからの子どもたちに必要となるのは、自分で課題を見つけ、自ら学び、自ら考え、主体的に判断し、行動し、よりよく問題を解決する資質や能力であるとの主張が各所に見られる。

第二部の「学校・家庭・地域社会の連携と家庭や地域社会における教育の充実」では、次のように述べている。「特に、［生きる力］の重要な柱が豊かな人間性をはぐくむことであることを考えると、現在ややもすると学校教育に偏りがちと言われ、家庭や地域社会の教育力の低下が指摘されている我が国において、家庭や地域社会での教育の充実を図ると共に、社会の幅広い教育機能を活性化していくことは、喫緊の課題となっていると言わなければならない」。

本答申では繰り返し、現在、教育が学校教育に偏りがちで、家庭や地域社会の教育力が低下している点が指摘されている。そのため、家庭や地域社会での教育の充実を図ると共に、社会の幅広い教育

機能を活性化していく重要性が述べられ、そのポイントは、「生きる力」を育むことであると言う。

一方、本答申の「生きる力」というキーワードに対しては、次のような批判がある。「抽象的な言辞として『生きる力』をくり返す中教審答申に欠けているのは、子どもが本来「生きる力」を備えているという事実にたいする軽視である」[6]。また、全国市長村教育委員会連合会（荒井修二会長）は「『生きる力』は高学歴につながり、今まで以上に過酷な受験戦争をもたらす危険性がある」と指摘している。全国公立短期大学協会（山田一郎会長）も、「生きる力」「ゆとり」などと声高に言わなければならない現実を作り出した最大の原因は「過度の受験競争」にあるとし、中教審が引き続いて検討するとしているのは「本末が転倒している」と批判している。[7]

次に、文部省刊行の『我が国の文教施策』[8]（平成七年度）第二部「文教施策の動向と展開」をみてみよう。「初等中等教育のより一層の充実のために」の第一節に「主体的に生きる力を育てる教育の展開」という項がある。

「これからの学校教育においては、子ども一人一人がこれからの社会の中で、生涯にわたって、心豊かに主体的、創造的に生きていくことができる資質や能力を育成することが求められる」。「各学校で編成・実施されている教育課程の規準である現行学習指導要領も、このような考え方にたって、平成元年に、①心豊かな人間の育成、②基礎・基本の重視と個性教育の推進、③自己教育力の育成、④文化と伝統の尊重と国際理解の推進、の四方針の下に改善が図られたものである」。また、学校週五日制は、「子どもが自ら考え、主体的に判断し行動できる力を身に付けるようにしようとするもので

ある」。さらに、「家庭や地域社会においては、一人一人の子どもが主体的に使うことができる時間を確保し、ゆとりのある生活の中で個性を発揮したり、豊かな感性や社会性、創造性を培ったりすることに役立つよう（中略）機会の充実を図る必要がある」。主張のポイントは「一人一人の子どもが主体的に使うことができる時間を確保し」、「主体的、創造的に生きていくことができる資質や能力」、「自己教育力」、「子どもが自ら考え、主体的に判断し行動できる力」の育成である。

近年、学校現場でも、「主体性」や「自治の力」を育てる教育の期待に応えて次のような取り組みが展開されている。たとえば、「小学校教育課程研究発表大会集録」のテーマをみると、「児童一人一人が意欲を持って、主体的に学習する姿をめざして」、「自然に働きかけながら、主体的に問題を解決していく子供を育てるには、どのように指導したらよいか」、「自然事象に主体的にかかわり、問題を見いだし、解決していく理科学習」などが目に付く(9)。

教職員の研修会では「子どもの自立性を尊重した『校則の改正』、子どもたちが主体的にとりくむ自治的活動の創造、本集会では、以上の観点に立って子どもたちに、自主性や自治の力をどうつけていくのか熱心な討議をお願いしたい」と問題提起され、「子どもの権利条約の理念を生かすとりくみを学校現場でどう実践していくのか」、「自治的諸活動といいながら、教師側からの一方的な押しつけになっていないか、子どもたちの人権にしっかり目が据えられているか、常に自問しながらとりくむことが大切である」と結ばれている(10)。子どもの権利条約の批准前後、教員たちの間に「主体性」の扱いをめぐって、自分たちの指導性が問われるという戸惑いが見受けられたが、これらの取り組みはそ

の戸惑いがひとつの動因となっていると思われる。

ここで、教育政策上でも学校現場においても、「主体的であること」に重心がおかれているという点を押さえておきたい。つまり、「主体性」概念は、子ども観の価値要素としてその地位を獲得しているのである。それでは、日本の教育政策の流れの中で、価値としての「主体性」はどういう経過を辿って現在に至っているのであろうか。

## 2 戦後教育政策史における「主体性」

### (1) 「自主的精神」の育成

次頁の表1は戦後教育政策における「主体性」に関わる内容について、一九九六年中央審議会答申までの五〇年間を大きくまとめたものである。おおよそ政府の政策提言は、暗黙のうちに一定の「価値観や家庭像」を前提にしている。その意味では、戦後、頻繁に用いられるようになった「主体性」をめぐる価値観とはどのような背景から成立しているのであろうか。

第二次世界大戦後の一九四五(昭和二〇)年一〇月九日には、幣原喜重郎を主班とする内閣が成立し、その直後にマッカーサー連合国軍最高指令官より、憲法改正や学校教育の自由主義化が指示された。それを受けて幣原内閣は、「個性の完成」と「国家社会への奉仕」の二つの、時には相矛盾するテーマを基本方針とする教育制度の樹立を掲げた。

表１　戦後50年教育政策にみる「主体性」に関わる内容

| 年 | 教育政策・事項 | 「主体性」に関わる内容 |
|---|---|---|
| 1945（昭和20）年 | 幣原内閣成立後、マッカーサー連合国軍最高指令官より憲法改正や学校教育の自由主義化が指示 | 「個性の完成」と「国家社会への奉仕」の二つを基本方針に教育改革 |
| | 教育基本法準備段階で米国教育使節団協力のための日本側教育家委員会は教育詔書の下暢を望む | 教育理念の中に「自主的精神」を加えることを求めた |
| 1947（昭和22）年 | 米国教育使節団報告書に続いて、教育基本法・学校教育法が公布され、戦後改革は制度的に確立 | 教育基本法も、学校教育法でも「自主的精神」が両法の重要な柱 |
| 1962（昭和37）年 | 文部省調査局、教育白書『日本の成長と教育―教育の展開と経済の発達』を発行 | 「主体性の確立」は重要な政策課題 |
| 1966（昭和41）年 | 中央教育審議会答申「後期中等教育の拡充整備について」の「別記」 | 「期待される人間像」「強い意志をもった自主独立の個人であることなどは、教育の目標」 |
| 1969（昭和44）年 | 「わが国の教育発展の分析評価と今後の検討課題」中間報告 | 「主体的な人格」がキーワードのひとつ |
| 1971（昭和46）年 | 中央教育審議会答申「今後における学校教育の総合的な拡充整備のための基本施策について」（「四六答申」） | 「主体としての人間のあり方があらためて問われ、教育の役割がますます重要」 |
| 1975（昭和50）年 | 教育課程審議会中間まとめ「教育課程の基準の改善に関する基本方向について」改善のねらい | 「自ら考える力」「自律的な精神」が理念の中で強調 |
| 1981（昭和56）年 | 中央教育審議会答申「生涯教育について」 | 「教育は、人間がその生涯を通じて資質・能力を伸ばし、主体的な成長・発達を続けていく上で重要な役割」 |
| 1987（昭和62）年 | 臨時教育審議会最終答申 | 「個人の尊厳、個性の尊重、自由・自律、自己責任の原則」 |
| 1989（平成元）年 | 幼稚園・小学校・中学校・高等学校の学習指導要領が同時に改訂 | 「自ら学ぶ意欲と社会の変化に主体的に対応できる能力の育成」 |
| 1991（平成３）年 | 中央教育審議会答申「新しい時代に対応する教育の諸制度の改革について」 | 「自ら考え、判断させる教育」 |
| 1996（平成８）年 | 中央教育審議会第一次答申「21世紀を展望した我が国の教育の在り方について」 | 「自分の生き方を主体的に考える態度を育てる」 |

この時期、教育基本法制定の準備段階として教育勅語の処理問題が提起された。その論議を行った米教育使節団に協力するために設けられた日本側教育委員会では教育勅語に関する意見を次のように報告した。

「従来の教育勅語は天地の公道を示したものとして決して謬りはあらざるも、時勢の推移に連れ国民今後の精神生活の指針たるに適せざるものあるにつき更めて平和主義による新日本建設の根幹と成るべき国民教育の新方針並びに国民の精神生活の新方向を明示したまふ如き詔書をたまわり度きこと」と述べた。「その主調として、一 人間性（個の完成と相互尊重、寛容協和のこころ、宗教的情操等）、二 自主的精神（自発創意的生活態度等々）（中略）等の諸精神を重んぜられ度きこと」と希望した。[11] 日本側教育委員会は教育詔書がもう一度下暢されるよう望み、その教育理念に「自主的精神」の加味を求めたのであった。

戦後の教育方針を方向づけた米国教育使節団報告書に続いて、教育基本法・学校教育法（一九四七年三月三一日）が公布され、戦後改革は制度的に確立されることになった。教育基本法が理念とした人間形成の最重要項目である第一条「教育の目的」にも「教育は（中略）自主的精神に充ちた心身ともに健康な国民の育成を期して行われなければならない」と記された。

さて、近年の教育基本法改正をめぐる議論において、教育基本法の一条問題が提起された。私たちが今まで形作ってきた常識や前提を問い直すところに一条問題の意味がある。

教育基本法「一条問題」とは何か。それは、教育基本法が「教育目的」として、教育的価値を法律

で定めたということであり、それを当たり前のこととして私たちが見なしてきたという点である。教育基本法の第一条における「目的」の「法定」は、教育勅語を「渙発」せしめることによって守られた「法定せず」とした原則を、教育勅語の無効化のために放棄したことを意味したのである。

学校教育法第一八条でも、設定した八項目の目標の第一項目が以下である。「一　学校内外の社会生活の経験に基き、人間相互の関係について、正しい理解と共同、自主及び自律の精神を養うこと」。教育基本法も学校教育法も「自主的精神」の育成が両法の重要な柱になっている。この「自主的精神」は、実のところは児童中心主義とナショナリズムの両輪に支えられ、その後の歴史を歩むこととなった。

### (2)「主体性の確立」の時代

一九五一（昭和二六）年一一月一六日に出された「教育制度改革に関する答申」[12]には、昭和三〇年代からの教育制度再編成の論点が多く含まれている。この答申が作成された政令改正諮問委員会は連合国軍占領下において発せられた各種政令の再検討を行うために、同年五月に吉田茂首相の私的諮問機関として内閣に設置された。同委員会のメンバーの多くは、財界、政界の代表者で構成された。答申の「基本方針」の冒頭に「わが国の国力と国情に適合し、よく教育効果をあげ、以て、各方面に必要且つ有用な人材を多数育成し得る合理的な教育制度を確立すること」と目的が示された。また、第一条件として「わが国の実状に即しない画一的な教育制度を改め、実際社会の要求に応じ得る弾力性

をもった教育制度を確立すること」と強調され、「わが国の現状を十分認識し」「最善の教育効果をあげるよう」と繰り返された。

文部省調査局が一九六二（昭和三七）年一一月五日に教育白書『日本の成長と教育――教育の展開と経済の発達』を発行している。同年、企業と国家の連携のもとに経済審議会の「人的能力開発政策」が出されている。その政策に沿って、取り上げられた課題の第一は「変革すべき価値観」すなわち、近代意識確立の問題であり、第二の政策課題は、「技術革新と人間の主体性の問題」であった。[13] 従来の日本では、職業と私生活がはっきり分けられないような環境や意識が支配的で、職場のモラルもその中で維持される面が強かった。今後は「職業生活がきわめて合理的な規律」で進められるため、「旧来の価値観の墨守から脱却し、新しい工業化に適応できる精神的能力を有するか否か」が今後の日本の高度経済成長の鍵とされた。それゆえ「主体性の確立」は重要な政策課題であったのである。ちなみに、一九五九（昭和三四）年の都市部の調査によると、当時の家庭電化製品ベストセラーの所持数は、テレビ一台／四・二世帯、電気洗濯機一台／三世帯、電気冷蔵庫一台／一七世帯であった。この「三種の神器」を揃えることが、大衆の願いとなった。

戦後のグループ中心主義は経済の安定において大きな役割を果たしてきた。品質を向上し、ひたすら先進諸国の技術を学びとり、日本の産業は一九七〇年代後半までには大発展を遂げた。一九四九年より発足した新制大学は、工学部を中心に大躍進した。高等教育における工学部系の学生が理科系に比べて二倍弱から六倍に増加したことも、この時期における技術者の要請を反映している。[14] これら技

術者たちに要求されたことは、グループの一員として「主体的」にできる限り努力して技術導入を行うことであり、独創性を持つことは、むしろ抑制された。

社会史から学んでみるのも興味深い。一九六〇年代の国民的テーマは「努力」と「根性」であった。一九六四（昭和三九）年には東京オリンピックで「東洋の魔女」、日本女子バレーボールチームが優勝し、大松博文監督の『なせばなる』、『おれについてこい』がベストセラー入りし、「根性」が流行語となった。一九六五（昭和四〇）年には、「ファイトでいこう」が王貞治が登場するドリンク剤「リポビタンD」のコマーシャルより流行した。また、国鉄から巨人に移籍した金田正一著の『やったるで』がベストセラーになった。一九六六（昭和四一）年には、『巨人の星』がブームになり、『あしたのジョー』、『柔道一直線』、『サインはV』、『アタック№1』などの「スポ根」（スポーツ根性もの）漫画が次々とテレビ化された。ところが、大衆により「根性」といった言葉がもてはやされた時代はこのあたりまでで終わりをつげる。一九七〇年代は、安保闘争後の若者の空虚な心理状態を受けて「シラケ」の時代となり、もはや子どもや大衆から主体性を引き出すかのような「努力」や「根性」といった言葉は支持されなくなった。

一九七一（昭和四六）年の中教審答申(15)、いわゆる「四六答申」として、一九六九（昭和四四）年六月三〇日に「わが国の教育発展の分析評価と今後の検討課題」という中間報告が提出された。その検討課題は、創造性の開発、主体的人格の育成を第一の課題とし、創造性・能力開発のために、教育内容の多様化・能力別指導、教育課程の一貫性とコース分け、そして生涯教育が考えられた。

注目すべき教育課程・内容関係をあげると、「(1) 教育の質的な改善のため、次のような要請について検討すること。(a) 知識・技術の単なる習得にとどまらず進んで創造性の開発をはかるとともに、人間が精神的、身体的に調和のとれた発達をとげ、個人的にも社会的にもまた国民として望ましい主体的な人格として育成されるように努めること」となっている。ここでも、キーワードは「主体的な人格」であった。

### (3) 「自己責任」の時代へ――「自ら責任をとることのできる主体的能力」

臨時教育審議会（以下、臨教審という）は、新保守主義の観点から多くの提言を行った。臨教審第四次答申（最終答申）、一九八七（昭和六二）年八月七日では、教育改革の視点として「個性重視の原則」が採用された。

「本審議会は、二一世紀のための教育の目標の実現に向けて、教育の現状を踏まえ、時代の進展に対応し得る教育の改革を推進するための基本的な考え方として、以下のように考えた。このうち、『個性重視の原則』は今次教育改革で最も重視されなければならない基本的な原則とした」。

それは、従来の教育の「根深い病弊である画一性、硬直性、閉鎖性を打破して、個人の尊厳、個性の尊重、自由・自律、自己責任の原則」を確立しなければならないという理由によった。ここで取り上げられた「自由・自律」の精神は、「自ら思考し、判断し、決断し、責任をとることのできる主体的能力、意欲、態度等を総括」したものである。[16] 一九八七（昭和六二）年一一月二八日に教育課程審

議会は「審議のまとめ」を発表し、同年一二月二四日に「最終答申」の「幼稚園、小学校、中学校及び高等学校の教育課程の基準の改善について」を出した。この中の「一　教育課程の基準の改善のねらい」の二項目では、「自ら学ぶ意欲と社会の変化に主体的に対応できる能力の育成を重視すること」が取り入れられた。中央教育審議会、臨時教育審議会そして教育課程審議会答申により、教育課程改善のねらいは、次の四項目とされた。

（1）心豊かな人間の育成
（2）自己教育力の育成
（3）基礎、基本の重視と個性教育の推進
（4）文化と伝統の尊重と国際理解の推進

である。文部省は、それぞれの項目に即した教育課程編成の特徴についてまとめているが、（1）に対応しては、次のように述べている。

「幼稚園、小学校、中学校、高等学校において、自主的、主体的に学習や生活する力を育てる教育の促進[17]」。

これらの答申を受け、一九八九（平成元）年三月一五日、幼稚園から高等学校までの学習指導要領が同時に改訂された。ここにきて、政策上の「主体性」は「主体的な学習」としばしば重ねて使用されるようになった。

以上、日本における政策上の子どもの「主体性」といった文言について概観してきた。教育政策に

おいて、「主体性の育成」が主張され続けていることが分かった。しかし、詳しく見ると「主体性」の意味する文脈は異なっている。国家社会への奉仕→工業化適応の精神的能力→自己責任の原則と「主体性」はバージョンアップされてきている。

さらに、主体性の扱い方を注意深く見てみると、戦後すぐからの「主体性の確立」がストレートに謳われていた時代から、臨教審以降、「自ら責任をとることのできる主体的能力」、すなわち「自己責任」の時代へと移行してきたことが分かる。主体的に生きよというスローガンが、個人の自由な選択に委ねた上で結果は自己責任という、一見ソフトに感じられるが徹底して人と人の関係を切ってゆく価値観が広がるしくみへと変容したことを示している。

では、子ども観が論じられる上で「主体性」概念はどのような問題を投げかけるのであろうか。次に、子ども観の構図について整理・検討したい。

## 3　主体性論の位相――対立する二つの子ども観

主体性について考えてゆくために、子どもの権利論の論点が役立つ。

「子どもの権利」という語が含みもつ意味は、しばしば「保護される子どもから権利主体へ」というキーワードの下に、子どもの権利条約の特徴を一言で表わすものとして語られる。そもそも、子どもの保護主義は、近代社会が生み出した子ども期という概念を軸としたものであった。ところが、そ

のような子どもに対する保護や教育が、同時に子どもに対する抑圧でもあるという両義性を持っていた。大人の保護は子どもへの管理であると告発されるようになったのである。たとえば、ジョン・ホルト（John Holt: 一九二三〜）は、子ども時代というのはひとつの隷属の形と考え、「子ども期からの脱出」(18)を主張した。

やがて、子どもの権利条約成立の追い風を受けて、「権利主体としての子ども」といった子ども観が市民社会で成立した。この子ども観は、子どもを近代市民社会の原理の中に引き入れ、一人の大人とみなすことによって成立した。この考え方は進歩的で家族と学校による抑圧から子どもたちを解放し、子どもたちに自由を獲得させるとみなされた。子どもの保護主義を克服するために、一度は「権利主体としての子ども」を明言しなければならなかったという状況がある。ここに至ってようやく、大人と子どもの間に、その関係を問題にする道が開けたのである。しかし、そこでは「子ども期」というものの価値を正当に位置づけることが難しく、権利主体としての子ども論は「子どもの消滅」を正当化するという否定的な役割をも果たすことになった。

今日に至るまで、子どものとらえ方はこのように大きく二つに分かれる。ひとつは、伝統的な子どもの保護と管理を重視する考え方であり、もうひとつは、子どもを権利主体と捉え、多くを子どもの自己決定に委ねようとする考え方である。

以上のように子ども観は、「子どもの自律か、保護か」と二元論で争われるのが一般的であった。この二つの意見の対立は、子どもの主体性をどう扱うかという議論であり、子どもの権利保障の戦略

をめぐる政治的な論争であった。この論争では、どういった「子ども観」が有効なのかという点が問題にされた。

子どもの権利論に関する憲法学の議論でもこの二元論の枠組みが前提とされた。しかし、近年、子どもの権利保障について、「子どもの『保護』と『自律』との関係を、常に相反するものとして捉えるのではなく、統一的に捉える必要がある」[19]との指摘があった。その指摘を受けて、「未成年者の自由と未成年者の保護が相対峙する状況が生まれるのであり、この両者をいかに調整するのかが、憲法学の議論における最大の争点である」[20]と自律と保護の折り合いをいかにしてつけるかという問題が、法的な分野でも俎上に載せられることとなった。

そこで、「子どもの人権制約を考える場合に、憲法上の自己決定権と発達権との対立として問題を考え、人権を内在的制約として両者の調整を図ることが想定」されるようになったのである[21]。すなわち、「子どもの保護にも考慮を払いながら子どもの自律を最大限尊重しようとする」アプローチである。実際には、「一方では必要最小限の子どもの保護を図りつつ、他方では子どもの自律を国家に対して最大化することが必要」と考えられている。また、「子どもに固有の制限には、内在的――政策的制約の枠内では説明しきれない部分が残らざるをえない」と言う[22]。つまり、子どもの保護にも配慮しながら主体性を尊重するが、その関係は説明しつくせないと言うのである。

以上、子どもの「主体性」の内実について考えるため、憲法学の議論の枠組を学びながら、主体性論に関わる自律と保護をめぐる子ども観の構図整理を試みた。

本稿で「主体性」を問題とした理由のひとつに、難問を子どもの「主体性」で解決してしまおうとするアプローチに対する問題意識があった。無意識に、あるいは思考停止して大人対子どもの煩わしい人間関係から逃れるために子どもの「主体性」で何もかも解決を図るという場合には新たな問題が立ち上がる。

権利主体という考え方において、大人がなすべきことは、子ども自身に自分の利益は何かを語らせ、自分のニーズをどう満たすかを自分ひとりで選ばせることによって子どもを一人立ちさせるという点にある。この態度には、子どもの主体性の尊重に傾き、他者との関わりや依存心といった関係性を過小評価するという危険がある。結果的にその子自身の最善の利益に大きな損傷を加える場合が考えられるのである。

人間は関係によって生きる存在である。他者との関わり合いを通してはじめて、「主体」が主体たりえる。したがって、「主体性」の思想には、人間関係という前提が不可欠であり、「主体性」は関係性から導き出されると言える。

それでは、関係性が過小評価されない「主体性」が政策で認識されれば、これからの子ども社会の展望は開けるのであろうか。

## 4　「自己責任」が招く人間疎外

一九九〇年代に入って、事務労働よりもむしろ独創性への需要が高まってきた。これこそが新たな「主体性」重視の傾向に拍車をかけている。しかし、機会均等や平等重視の場で「主体性」が注目されても、それは自由競争や自由な出世という掟に縛られ、一般社会の規準に合わせることにならざるをえない。つまり、主体性というものは、それ自体が社会の生産力と生産関係や教育関係によって規定される性格を持つ。したがって、いかなる社会や教育関係に生きるかによって、主体性の大部分は規定されるのである。

考えてみれば、現代社会で「生きる力」を意識した教育を試みたところで、雇用流動化政策のもとで使い捨てられても、常に社会の変化に「主体的」に適応する「生きる力」を養うような現実になりかねない。どうして、そのような現実へと向かわざるをえないのであろうか。

社会の教育システム化の中で、学校そのものを抜本的に産業的な生産様式へと適合させる契機となったのは、二節で触れた一九六二年の「人的能力開発政策」に求められる。その政策とは、子どもを一個の労働力とみなし、その個別性を捉えつつ、学校をナショナル・レベルでの人材の養成機関へと再編していくものであった。一九七〇年代に入って、教育目標・内容レベルにおいて地域と学校との距離は急速に離れていった。大量の「落ちこぼれ」が発生し、青少年非行や校内暴力が多発したのはこの頃である。一九八〇年代半ばを突っ走った臨教審答申は、「個人」を解放すると同時に、あるべき人間像の存在を忘れなかった。臨教審が狙っていたものは、産業・社会構造の転換に伴う、社会、労働、行政組織の再編成、すなわち、社会・経済の「発展」であった。激増した青少年非行を、中曽

根元首相は、学校教育の問題としてではなく、主に家庭の問題として捉えており、総理府にその総合的な対策を検討するように命じていた。ところが、自民党の文教族はそれを学校教育の問題とした。さらに野党側も、改革のプログラムに違いはあっても、学校教育の問題として捉える点では共通していた。その結果、青少年非行の問題が学校教育荒廃の問題とされ、学校改革が政策課題となった。学校や子どもたちの病んでいる状況はひとえに教員が作り出してきたもの、そこに家庭や地域も加わり問題の原因が求められた。加えて、教育運動側からの攻撃の矛先も学校に向けられるようになった。

教育運動の側はと言えば、一九七〇年代には「教育」＝「新たな社会の創出」、「主体性」＝「集団を組織する力量」という楽観的な見方が定着した。たとえば、一九七一年の日教組教育制度検討委員会では、子どもと主体性について次のように説明している。「子どもは家庭や学校や社会における援助と指導のもとで、自らが主体的に自らの運命を選び取る力を身につけ、未来を切り開いていくことが期待される。それは、子どもの側から言えば、なによりも、かれらが人間的に成長・発達する権利である(23)」。

さらに、「教育は一人一人の人間の可能性を個性ゆたかに開花させ、新たな社会と文化と主体の形成をうながすいとなみである」と「教育の価値」について説明された。そして、「子ども・青年の主体性・能動性に基く活動は、自ら集団を組織する力量を育て、表現的・創造的活動の基盤をつくりだす(24)」とポジティブに考えられた。

では、親はどのように教育システム化と関わったのだろう。

一九八〇年代の行政改革は、消費者の利益を追求する消費者運動の性格を持っていたが、教育改革の背景にも、教育サービスの消費者としての親の主張の高まりがあった。親の「わが子」だけは脱落者にしたくないという、利己的な期待に迎合する形で「能力主義」は効率よく公教育に導入された。「ゆとり」の時間は塾通いに化け、それに加えて、入試の仕組みが同じなら、「ゆとり」が子どもたちの学力差を拡大する効用まで持っていたとは、当初ほとんど気づかれなかったことである。

文部省が月二回学校週五日制の導入に先立ち、一九九四年三月、子どもとその保護者を対象に「学校教育と学校週五日制に関する意識調査」を実施した。その中で、土曜日の休みをさらに増やすことについて尋ねている。「増えるのは良いことと思う」と回答した小・中学生、高校生、教員の七割以上が賛成だったのに対して、父母は三〇・九%であり、「これ以上増やすことはないと思う」が四七・二%であった。土曜日の休みが増えることに対する保護者の反対理由は、「休みの日に子どもの世話ができない家庭もある」(五八・四%)、「生活が不規則になる」(五一・四%)、「学校での学習が遅れる」(四〇・三%)で、子どもの世話はできる限り学校にまかせるが、学習には関心があるという親像が明らかになった。すなわち、保護者の多くは学校での教育サービス供給をより望むために、学校週五日制に賛成していなかったのである。

教育システム化は学校現場をどのように変えたのであろうか。一九九六年三月の横浜市教育センターは、「児童生徒の権利・責任等に関する研究――子どものアイデンティティと現代教師の子ども像」の調査を実施した。(25) この報告書は、横浜市内の小・中・高校・養護学校の教員一二〇〇名を対象

とし、実施した教員向け意識調査の結果を分析したものである。「学校生活の中で『自分らしさ』を出している児童生徒は多いと思うか」の問いに対して、そう「思う」、「やや思う」の合計が半分を超えているのは、小学校だけであり、中学、高校と進むにしたがって、子どもたちが「自分らしさ」を出していないという見方が強くなっている。「自分らしさ」を出せない理由としては「自分を上手く表現できないから」が七四・六％で、「ゆとりのない生活」四五・三％、「安心して自分を出せる雰囲気がない」四三・三％となっている。とりわけ、中学校の場合、「安心して自分を出せる雰囲気がない」が六一・一％と突出している。これは「主体性」を伸ばすためになされる「取り組み」以前に、学校現場の「雰囲気」自体が問題であることを示している。

ジル・ドゥルーズは、「学校改革を推進するかに見せかけながら、実際には学校制度の解体が進んでいる」と指摘し、成立しつつある教育のシステム化は「開放環境における休みなき管理の形態」[26]であると言う。これは、教育政策に一貫して流れる経済成長を基盤とする思想が、教育のシステム化を通して私たちを連れ出した場所は、「安心して自分を出せる雰囲気がない」学校であり、休みなく管理される社会であったことを意味している。

## 5　結　び

以上、戦後教育政策の流れで「主体性」概念の採用について考察した。また、子ども観の対立構造

と「主体性」論の位相について整理し、「主体性」の議論を包み込む社会の問題について考えてきた。「主体性」重視に傾くことによってもたらされる他者との人間関係の脆弱化は、個の自立を損なう危険をはらんでいる点を指摘した。子どもの「主体性」という言葉は、政策上では「社会の変化に主体的に対応できる能力」として注目を浴び、国家に対抗する側からは批判イデオロギーとしての「主体性」として注目された。しかし、「主体性」を中心に解決を目指すとき、関係から断絶させられた人間疎外としての「主体性」という新たな問題が浮上する。つまり、「主体性」はいとも簡単に「自己責任」といった価値観に結びついてしまうのである。「自己決定」という個人の自由な選択に委ねた上で、結果は「自己責任」や「自業自得」で終結する、人と人の関係を切ってゆく価値観と隣り合わせにあるのだ。

関係性の中で立ち現れてくる「主体性」は、人間疎外を招く「主体性」とは根本的に異なる。それ自体が多様な可能性をはらんでいる。すなわち、多様でゆるやかな人間関係のあるところにこそ、人と共に生き合おうとする「主体性」が生まれよう。主体的に選んだことが生きるうえでの失敗に見えたとしても何度でもやり直しがきくと知らされよう。教育政策においても、「自ら責任をとることのできる主体的能力」の強調以前に、多様でゆるやかな人間関係を含み持つ社会関係が破壊されないという点がなにより大切と考える。

(1) 広辞苑第四版によると、「自主的」は「他からの干渉などを受けないで、自分で決定して事を行うさま」。ま

た、「主体的」は「ある活動や思考などをなす時、その主体となって働きかけるさま。他のものによって導かれるのでなく、自己の純粋な立場において行うさま」。

（２）E・ベック＝ゲルンスハイム『子どもをもつという選択』、勁草書房、一九九五年、一二一頁。

（３）尾崎ムゲン『戦後教育史論』インパクト出版、一九九一年、五頁。

（４）持田栄一は、次のように権利論議の方向性を示唆した。「ドイツ等においても教育権論を教育法制解釈論から解放し、教育政策を論じ、教育と国家の関係を論ずる場合の「中核的課題」“Kern Problem”として追求しようとする動向が次第に強まっている」（持田栄一「『福祉国家教育論』批判―『近代公教育』変革への展望」、持田栄一・市川昭午編著『教育福祉の理論と実際』教育開発研究所、一九七五年、三三六頁）。

（５）中央教育審議会「二一世紀を展望した我が国の教育の在り方について（第一次答申）」、一九九六（平成八）年七月一九日。

（６）辻隆「中教審答申への感想など」学校に行かない子と親の会（大阪）会報六三号、一九九六年九月七日。

（７）『内外教育』一九九六年七月九日、時事通信社。

（８）文部省『我が国の文教施策』平成七年度。

（９）文部省小学校課編集『初等教育資料』No.三六七。一九九五年。

（10）日本教職員組合『日教組第四五次教育研究全国集会要綱』、一九九六年、四四〜四五頁。

（11）「米国教育使節団に協力すべき日本側教育委員会の報告書　第二編　意見」、中島太郎、『戦後日本教育制度成立史』、一九七〇年、所収。

（12）政令改正諮問委員会「教育制度改革に関する答申」一九五一（昭和二六）年一一月一六日。

（13）文部省調査局『教育白書、日本の成長と教育――教育の展開と経済の発達』、一九六二年。

（14）有馬朗人「個人と集団」岩波新書編集部編『戦後を語る』岩波書店、一九九五年。

(15) 文部省「教育改革のための基本的施策」一九七一（昭和四六）年八月一日。
(16) 大蔵省印刷局「教育改革に関する答申（第一次~第四次）」、一九八八年。
(17) 文部省中学校課長福島忠彦「新学習指導要領の意義と運用」、『季刊　教育法』、八二号、一九九〇年秋期号。
(18) John Holt : Escape from Childhood、一九七四年。
(19) 佐藤幸治「子どもの『人権』とは」『自由と正義』三八巻六号、一九八七年、四頁。
(20) 土井真一「憲法における未成年者の人権保障と「児童の権利に関する条約」大阪弁護士会少年問題対策特別委員会『子どもの権利条約は子どもの環境をかえるのか?——子どもの権利条約の国内的実施』一九九七年、一二五頁。
(21) 中村睦男「子どもの権利条約・人権の原理」、『日本教育法学会年報第二四号　国際化時代と教育法』有斐閣、一九九五年、一六頁。
(22) 米沢広一『子ども・家族・憲法』有斐閣、一九九二年、二四二頁。
(23) 教育制度検討委員会『日本の教育改革を求めて』勁草書房、一九七四年、八七頁。
(24) 同前、七四頁。
(25) 横浜市教育センター『子どものアイデンティティと現代教師の子ども像』一九九六年。
(26) ジル・ドゥルーズ『記号と事件』、宮林寛訳、河出書房新社、一九九二年、二八九頁。

# 終　章　リアルな現実から

人はひとりでは生きられない。ひとりでは何もできない。何かをするとき、たとえ人の手を借りていなくとも、そのための知恵は他者と分かち持たれたものである。しかし、大人側からの現在の子どもへのメッセージは、むしろ、他者の助けを借りずに物事を考え行うという意味合いが強い。人は他者と共に学び、他者を尊重するといった「常識」が大切にされなかったここしばらくの時代が、子どもたちの問題をクローズアップさせているように思われる。

二十五年間続いた甲山事件[1]の裁判で、無罪確定を受けた元保育士の山田悦子さんが次のように話した。「その時代の常識を超えて法は存在しません。」「（日本は）法の精神を機能させるための思想が無いのが根本的な問題です。」ここでは、法を機能させるものとして「時代の常識」や「思想」が大きな影響を与えると述べられている。では、私たち市民社会の常識とは、いったいどのようなものなのであろうか。

## 1　保障されつつ、支配されるということ

まず、公共という言葉の定義が混乱している例をあげよう。

一九九八年の国際人権規約の「市民的及び政治的権利に関する国際規約（B規約）」の第四回報告に対する人権委員会の最終見解である。次に示すのは、国内における規約の実施についての報告書を検討し、人権委員会が行った勧告である。実際に、「公共の福祉」という考え方は「曖昧」だと言わざるをえない状況があった。

七　委員会は、人権の保障と人権の基準は世論調査によって決定されない事を強調する。規約に基づく義務に違反し得る締約国の態度を正当化するために世論の統計を繰り返し使用することは懸念される。

八　委員会は、「公共の福祉」に基づき規約上の権利に付し得る制限に対する懸念を再度表明する。この概念は、曖昧、無制限で、規約上可能な範囲を超えた制限を可能とし得る。

もう少し分かりやすくすると次のようになる。七は、人権とは何かということを世論によって決めてはならない。八は、「公共の福祉」を振りかざして、基本的人権を制限するのはいかがなものか、という意味である。人権委員会が懸念したのは、多数強者の意見を国家が取り込み「公共」として用いた点と思われる。

「公共」は多数強者の意見を代弁してきたのであるが、近年になってその「公共性」のとらえ返しが盛んである。「公共性」が注目されるようになってきたのは、C・ムフがいうように、自由民主主義体制は、他者なる共産主義体制の存在に大幅に依存してきたのであり、共産主義体制の敗北とともに自由民主主義の意味を再定義していく必要が生じてきたこと(2)、そのため、公共性の思想が持つ「公共哲学」の復興により、今までの国家対市民の対立軸を克服し、政治に新たな地平を開けないかとの思いからである。

戦後、追求されてきた福祉国家のあり方は、国家の提供するサービスをただ単に受けとって消費するだけの「市民」を多数生み出した。今、社会における同質性や、異質者を排除する考え方が公的なものを覆い尽くし、全体を画一的な平等の考え方が支配していくことが問題と指摘される。しかしながら、問題を社会的公正の立場からのみ解決しようとしても限界が出てきたのである。そこで、福祉国家的な平等化を公共性とする考え方から、それに替わる公共性のあり方が模索されている。

一七世紀と一八世紀に、それぞれ現れた自由権的市民社会と社会権的市民社会は、近代市民社会が構想した自由か、平等かという理念をめぐって対立し、それが現在にまで至っている。自由か平等かという二者択一の議論において、私たちは、他者とのつながりで培われる自由を重視することなく、福祉サービスのような平等原理を選んできたかに見える。そこで、制度保障論に傾き、権利保障を拡大していくという発想は、公教育自身がそうであるように、一方では保障するけれども、同時に支配するという状況を正当化してきた。保障されることを通して、支配されるというその状況に、市民社

会はずい分と無自覚できたように思われる。第二部で述べてきたように、教育の分野でも、国民の教育権保障を主張した市民社会は、その市民社会自体がもつ、子どもと家庭を追い詰めてゆく構造を相対化できずにきた。これらの結果、何が起こったか。

## 2　「関わりをもちたくない」

永らく、戦後著しく表面化した学歴社会を病理とし、加熱した受験競争で子どもが苦しんでいるのが子どもをめぐる諸悪の根源という議論が正統な教育批判論であった。現在も衰えることなく続いているこうした指摘を小浜逸郎は「時代遅れの認識」という。[3] 最近になって、他者を必要とする人間的欲求が満たされず育ち、他者との「間合い」を取れないいびつさを身に着けてしまった若者たちが、むしろ問題として認識されるようになった。

たとえば、総務庁による「世界青年意識調査」（一九九三年）は、一九七〇年以降に生まれた世代の社会への満足度について示している。[4] この世代の持つ社会への満足度は年々高まっており、国際比較でみても一一ヵ国中四位と満足しているほうに分類できる。しかし、社会に不満を持った時の態度では、「積極的な態度をとらない」が半数を超え、「かかわり合いを持たない」を加えると七割近くのものが行動や関心を示さないと回答しており、残念ながら一一ヵ国中トップに踊り出る。現代の若い世代は、豊かな社会で成長し、豊かさにある程度は満足しているものの、社会への不満を解決するすべ

がなく、問題をめぐって他者と関わりをもちたくないという意識は他のどの国よりも強い。

これが日本のリアルな現実のひとつである。

なぜ若者は問題をめぐって「関わりをもちたくない」と思っているのであろうか。近代日本の社会は、第九章で述べたように、「自主的精神」や「自ら責任をとることのできる主体的能力」といった言葉を用いて、継続して子どもの主体性や自己決定に注目してきた。

中野敏男はいう。「権力とは、まず、いくつかの可能な選択肢が与えられているという条件の下で、行為者の行為選択に一定の方向づけを与える力なのだと考えることができる」(5)。これは次のような意味であろう。私たちが何かを決断して行うとき、たとえ「自己決定」を待ついくつかの選択肢があったとしても、すでに選ぶ側には一定の方向づけが与えられており、その力を受けて私たちはものや生き方を選んでいるというのである。その方向づけをコントロールしているものこそが権力であり、たとえば、それは時代の権力とでも呼べる私たちが知らず知らずのうちに身につけている常識や価値観ともいえる。つまり、自己決定させる形の見えない権力というものがあり、それは私たち市民社会の中に存在するのである。自己決定や主体性の強調では、どうしようもない現状があるのだ。

日本では、個が国と一体化していると指摘する酒井隆史は、それを「日本では個と国家の間に、本来あるべき人の横のつながり、『連帯』が希薄だからではないか」といい、「権力の側も、少年犯罪や外国人犯罪を利用して『隣の人』への恐怖や不安をあおり、人々の連帯を断ち切る。そうして孤立した人々は、国家という『大いなるもの』に身を寄せていく。全体主義は連帯なき個の孤立と結びつい

ている」という。[6] そして今、「連帯なき個の孤立」は「自己責任」という言葉に姿を変え、私たちを方向づけているように思われる。

それでは、第七章で紹介した、権利主体としてイメージされる子どもの権利と関係の深いコルチャックは、自己決定についてどのように考えていたのであろうか。

## 3　コルチャックの願い――他者をも尊重するための権利

一九一一年にコルチャックは七年間勤めた病院を辞めた後、二つのホーム「ドム・シェロット」（ユダヤ人孤児たちの家）と「ナッシュ・ドム」（ポーランド人孤児の家）を設立した。「世界を改革するということは、教育を改革することだ」（『蝶の告白』一九一四年）というコルチャックは、子どもの教育についての実践家でもあった。

コルチャックのホームには、当時諸外国からも多くの人たちが見学にきており、一九二四年には、後にユネスコの依頼を受け「世界人権宣言」の条文の解説を行うジャン・ピアジェ（Jean Piaget ; 一八九六～一九八〇）が訪れている。子どもの活動が自己中心性にあるという臨床研究を続けていたピアジェは、コルチャックの新しい教育「子どもによる自治」に大きな関心を示した。「ライオンが一番恐ろしいのは怒っているときではなくて、遊んでいるときです。興奮すると、もっとふざけようとします。集団の勢いはライオンに似ています」（『子どもの権利の尊重』一九二九年）と子ども集団の

中での教育に悩みながらも、コルチャックの教育方法は、子どもの性質に対する理解に裏打ちされていた。しかし、彼がより重視したのは経験と実践から得たものだった。コルチャックは、主体性を重視し、とりわけそれを支える自己決定と自由の「つながり」を重要と考えた。

ホームでは、子どもたちの自治による子どもの議会、子どもの法典が作られ、子どもの裁判が行われた。注目したいのは、裁判が「寛容」と「罪を赦す」という精神に基づいて行われた点である。コルチャックの童話の中で、悲しそうな王様が言う。「議会ができても、改革が行われても、自由が与えられても、人々の生活は輝くような変化はしませんでした。そして、女性、子ども、老人、少数民族など力の弱い者への差別観は依然として残っていたのです(7)」。コルチャックは、国家の政治的な機能不全を、童話の中で指摘し、そこに寛容や多様性を認める精神がかけていることを批判したのだった。

コルチャックの思想は、「社会の一員としての子ども」、「自らの権利を自分で選びとる子ども」という面がクローズアップされてきた。しかし、さらに掘り下げてコルチャックの考え方を理解しようとすると、コルチャックの生い立ちに目を留めざるをえない。実は、コルチャックは、裕福な家庭で何不自由なく育てられた。親の期待に沿い、親を喜ばせようと自分を失っていく子どもであったというコルチャックは、母親に感謝しながらも、母親から自由になりたいと考えていたという。

『いかに子どもを愛するか』に表れているコルチャックの思想は、親の愛が子どもを縛りつけないこと、自治の精神を身につけること、他人の人格を尊重することなどが強調されているとコルチャッ

ク研究家の近藤康子は述べる。(8) また、子どもが育つ環境は、子どもの育ちに大切であるが、それは自分を守ることだけでなく、他者を尊ぶ心がつちかわれる環境であろうという。

権利という言葉は、受け取り方によっては、他者との関係性が矮小化され理解されがちである。しかし、コルチャックの思想においては、他者を尊重するための「権利」であることは明らかだ。したがって、コルチャックの思想は、関係性や共生を中心として組み立てられていたといえよう。

たとえば、コルチャックは異民族の子どもたちが互いを理解することに、心を砕いた。ホーム設立以前に、慈善協会のボランティアとしてコルチャックは夏期休暇村に参加した。環境の悪いところで暮らす子どもたちに、新鮮な空気と明るい太陽の光に恵まれた生活を味わってもらおうというのが、そのねらいだった。イディッシュ語しか話さないユダヤ人の子どもも、そこでポーランド語を学んだ。コルチャックはその時、イディッシュ語の「悲しい」という意味の「スムトノ」がポーランド語でも同じ発音なのを知り、悲しいという気持ちをユダヤ人もポーランド人も同じ言葉で表せることに感動した。

コルチャックは、二つのホーム「ドム・シェロット」（ユダヤ人孤児たちの家）と「ナッシュ・ドム」（ポーランド人孤児たちの家）の交流に夢を託した。ユダヤ人とポーランド人の子ども達が互いに理解しあってほしいと願ったのだ。

このように考えてくると、コルチャックは国家や制度に対する批判とともに、「より高い永遠の法」に沿う「人間の精神の再生」を願ったことが分かる。彼の人間観は、合理性を批判し、共生の思想、

他者を尊重する思想が中心になっている。中野がいう自己決定を待ついくつかの選択肢があったとしてもすでに選ぶ側に与えられている方向付けの中味がコルチャックにとっては「つながり」、すなわち、他者と関わりあうことであった。寛容や多様性を認める精神を何より重視したのである。すなわち、自己と同様に他者を大切にするために、権利の尊重が目指されたのである。

## 4　関係性の困難に向き合う

本書の第一部では、近年の「家庭責任の強調」に疑問を投げかけ、現状を把握しようと努めた。戦後すぐから高度成長期に、現在の家庭教育の基本的枠組が確立したことから、それを取り出そうとした。

せめて我が子には人並みの暮らしをという切ない親心から、子どもを学習に追い立てることになる家庭、選択肢がある自由な社会に見えつつ学力にとらわれ子育てをせざるえない家庭、また、家庭内で子育てを完結する核家族の傾向、その子育てが診査され、さらに緊張を高める家庭。この家庭の現実は、実は現代社会の価値が凝縮された場であり、「子育ては家庭の責任」という物言いが、家庭をさらに追い詰めているという構図を描いてきた。本書では展開しなかったが、児童福祉現場では、虐待の増加は、完璧な子育てを求める近年の子育てに対する考え方が招いていることはよく知られている。

また、第二部で述べてきたように、家庭や学校といった子育て現場における原理は「他者の助けを借りずに自分で物事を決めなさい」という近代個人を形成しようとする主体性原理にある。子どもの主体性や自己決定を強調してきた結果、何かコトを起こしたら自己の責任であるという、徹底的に人を孤立させる思想状況に市民社会は到達しつつあるように思われる。現代の教育や子育てをめぐる枠組そのものに、人間疎外の思想が組み込まれている。

多くを占める孤立した家庭、そこで行われている能力競争にとらわれざるをえない子育て、という現実の中で、家庭の教育責任を問い、あるべき家庭像を前面に押し出すことにより、多様性を認める土壌は市民社会からますます失われてゆく。そして、「主体的」に考え、ついには「自分の問題だ」と「自発的」に思うことによって、発達中心の「強い個人」に向かい、私たちは「自ら」舵取りをしてゆくのである。

家庭や個人は、社会の矛盾を個々に回避し、個人的にすり抜けるという手法を取り続ける限り、永遠に問題は共同化・相対化できない。そして、その手法こそが、たとえば本書で考えてきた、家庭内で教育や子育てを完結する方法であり、我が子の将来ばかりのために学力に振り回される市民社会の家庭教育の問題である。そこでは、社会的な差別や抑圧に抵抗して、その中で他者との関わりを持ちながら自己解放をはかるという機会は創り出されることはない。

さて、これらの子育てにおけるリアルな現実を認識し、これからの市民社会を考えてゆくことが求められている。これからの市民社会は、個人はそれぞれに多様で自由であるという土台があって、そ

の上に平等をめざす権利や制度の柔軟な構築が創造される必要があろう。自由か平等か、ではなく、自由の上の平等である。その土台の自由は、コルチャックのいう自己決定と自由の「つながり」に学びたい。つまり、人と関わりながら多様性を認めつつ物事を決めてゆくという「常識」に支えられ、関係性の困難に向き合いながら、市民社会はゆっくりと新しくされてゆく。

（1）山田悦子さんは、兵庫県西宮市の知的障害児施設で園児が水死した「甲山事件」で殺人罪に問われた。三回の無罪判決の後、最初の逮捕から二十五年ぶりの一九九九年に無罪が確定した。
（2）C・ムフ『政治的なるものの再興』千葉眞・土井美徳・田中智彦・山田竜作訳、日本経済評論社、一九九八年、六頁。
（3）小浜逸郎『「弱者」とはだれか』PHP研究所、一九九九年、八七頁。
（4）経済企画庁『国民生活白書（平成7年版）』大蔵省印刷局、一九九五年一一月一五日。
（5）中野敏男「支配の正当性」『権力と支配の社会学』岩波書店、一九九六年、六十九頁。
（6）酒井隆史「『異質な人』排除する改憲論」朝日新聞、二〇〇四年四月二九日。
（7）近藤康子『コルチャック先生』岩波書店、一九九五年、一〇二頁。
（8）同前、一一五頁。

# あとがき

　まだ私が十代の頃、フィリピン大学に留学していた時のこと、フィールドワークで出かけたマニラのスラムで聞いた一言が始まりでした。

　日々の糧さえままならないバラック小屋で、子育て中の母親が“At least education…（少なくとも教育だけは身につけさせないと…）”と呟いたのでした。思い起こせば、それがこの本をまとめるきっかけを呼んだのだろうと思うのです。教育が社会配分装置であるというR・ドーアの議論や、いわゆる再生産論などの学問的な理論に出会うのはそのずっと後のことです。

　その後、二人の子どもを授かり、社会人入学し大学生として学びを深める中で、「福祉国家が戦争国家の形成と共に成立した」と知らされました。私はそこで、かのスラムの母の呟きが甦ってきたのでした。資源を奪い合うという戦争の価値観を支えているのが、現在の教育であり、福祉であり、市民社会のありようではないのか、また、そうせざるをえないような構造が潜んでいるのではないかという実感をもったのでした。

　私が研究者となり、子どもたちが中学校・高校と進むにつれての子育ては、家庭教育を考える上で申し分ない宝庫でした。子どもとのつきあいからたっぷりの楽しさを与え

られている私も、自分の中の矛盾に打ちひしがれるような悩ましい家庭教育状況を体験しながらの研究生活となりました。

その子らしさを認め、子どもを育てようとしているのに、受験勉強や能力主義、つまり、何かが「できる」子という価値観からすっかり自由にはなれず、ジレンマを保ちながらの日々は、本書をまとめる中でほんの少しだけ整理されました。しかし、本書に散りばめた問題意識はまだまだ洗練にはほど遠く、恥ずかしいばかりの仕事となっています。

能力至上主義という価値観が、自分自身を滅ぼしてゆくと思い知らされたのは、近年の両親の介護を通してです。仕事ができ、何かを成してきた人ほど、現役を退いてから「できる」や「行う」という価値から自由になることが難しく、そのように振舞えない自分を誰よりも責めることになります。一方で、高度経済成長期、最も分かりやすく表れたこの価値観は、「上」をねたみ、「下」への差別意識を育て、人々をだいなしにし、苦しめてきたと思うのです。

暮らしの中から受け取ったこれらの問題意識を、時代の事柄にひとつひとつ沿って、その変化や展開を状況のコンテクストと照らしながら考えてゆく、という試みが本書となっています。

以下、各章のもとになった論文名とその掲載書・誌紙を記し、各出版社に感謝の意を

表します。なお、それ以外の原稿は書き下ろしています。

第一章　「一九六〇年代家庭教育ブームの生成」（日本子ども社会学会『子ども社会研究』第八号、二〇〇二年）

第三章　原題「児童保護システムにおける『母性』理解」（平成十三年度厚生科学研究「児童保護システムと児童福祉法の国際比較」二〇〇二年）

第五章　原題「日本における子どもの権利思想の展開」（許斐有・野田正人・望月彰・桐野由美子編『子どもの権利と社会的子育て』信山社、二〇〇二年）

第六章　原題「子どもの権利論と明治の子ども」（『子どもの生活世界と人権』柘植書房、一九九五年）

第七章　「子どもの権利条約の地平」（岡村達雄・尾崎ムゲン編『学校という交差点』インパクト出版会、一九九四年）

第八章　原題「『京阪神連合保育会雑誌』にみられる自由保育論の構造」（大阪市立大学生活科学部紀要、第四十四巻、一九九六年）

第九章　原題「今後の子ども政策の視点」（熊谷一乗・国祐道広・嶺井正也編『転換期の教育政策』八月書館、一九九八年）

この仕事をまとめる中で、多くの方のお世話になりました。職場の同僚や学生たち、

幾つかの研究会での仲間、魅力的な人との出会いがいつの間にか用意されていて、私はいつも支えられてきました。父の病で筆が滞っていた期間も気長に待ち、たおやかな心配りをしてくださった編集者の村岡侖衛さん、ありがとうございました。そして、突然の宣告後、召される直前に本書の計画を決断させてくださった尾崎ムゲン先生（元関西大学教授）にこの場で出版を報告することを、どうぞお許しください。

二〇〇五年四月十一日

桜井　智恵子

## 事項索引

### あ行



### か行

## さ 行

## た　行



## な　行

## は 行



## ま 行



## や 行



## ら・わ 行

# 市民社会の家庭教育

桜井智恵子

大谷女子大学教育福祉学部助教授

1997年大阪市立大学大学院生活科学研究科後期博士課程単位取得退学。頌栄短期大学助教授を経て、2005年より現職。主な共書に、『学校という交差点』インパクト出版会、『転換期の教育政策』八月書館、『よくわかる子ども家庭福祉』ミネルヴァ書房、『子どもの権利と社会的子育て』信山社、『子ども・権利・これから』明石書店、など。

初版第１刷発行　2005年５月20日

著　者
桜井智恵子

発行者
今　井　貴 = 村岡侖衛

発行所
信山社出版株式会社
113-0033　東京都文京区本郷6-2-9-102
TEL 03-3818-1019　FAX 03-3818-0344

印刷 亜細亜印刷　製本 渋谷文泉閣

ISBN 4-7972-5326-6 C3037